真善美之旅

生命的真相

人要怎樣生活，生命才能有意義與價值
面對生死的遷流，我們困惑於生命的無常，
活著如果可貴，為何又充滿了痛苦與煩惱？

慧廣法師 著

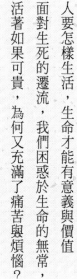

有人問：怎樣才能有禪定？

（用現代語言解釋一下。禪定是身體輕鬆和諧，內心統一而不胡思亂想的狀態，並由禪定的深入，會帶來舒服、喜悅的覺受。所以禪定會為人所喜歡。）

我說：當你不想打妄想的時候，就自然在禪定中了。

怎樣才能不會想要打妄想？

當你在「真」中，或者

在「善」中，或者

在「美」中，

你都不會想要打妄想。

慧廣法師，高雄市人，民國四十二年（一九五三年）生。六十年間（十八歲）看到禪宗書籍而進入佛門，六十八年（二十六歲）剃度於賢頓老和尚座下，六十九年受戒。

受戒之後，有很長一段時間，居住在山間茅篷用功。空閒時，隨緣寫些文章，後來結集成書，出版有二十種左右佛法著作。

八十五年之前，偶爾受邀於有緣的寺院、精舍教導禪坐或講演。九十二（二〇〇三）年開始，每年固定於台灣各地及佛學院，旁及大陸，主持禪七、禪三（二）法會，與講授禪修課程。

更多禪修消息，請見慧廣法師網站 http://a112.com

你們在做什麼？哦，在禪修呢。

新的修行方式，不會坐禪的不用擔心了。只要這樣緩慢的走，有時走，有時站。觀念方法正確，就能消除緊張壓力，讓身心鬆靜下來，內心舒服喜悅，而有修行的效果。

有別於一般的行禪，既不會複雜難學，走久了也不會累。我們都是免費教學，有興趣的朋友，歡迎加入。請見網址 http://a112.com

自序

人生有什麼意義？生命有什麼價值？人為什麼有生，生了之後又有死？這不是很矛盾嗎？生命是可貴的，那麼，生命就應該是美好的。可是，你我都知道，生命往往充滿了煩惱、無奈與痛苦。何以會如此？……

少年時這些對人生、生命的疑惑，驅使我走向了和一般人不同的路途。經過一番探索之後，接觸到佛法禪學，從參禪中解除了我對生命的疑惑。把這些心得形成文字，就是本書中的文章。

「生命的意義」，雖然是文章，卻像首詩，短而恆永，透露出詩的意境。

「兩次參禪的回憶」，是我早年參禪的一段體驗。雖然只是過程，卻讓我窺見了禪的奧秘，也對禪增加了信心，才有以後對禪進一步的體驗。

參禪要怎樣參呢？「真善美之旅」一文中的「三、修行與真善美」內的第（二）證得真理的方法；（三）參禪的方法；（四）參禪的補助方法三段，則對如何參禪，如何運用方便，都作了詳細的說明。從文中，相信可以感覺到，參禪是活潑而自然、簡要而效大，絕不像過去的參公案那樣枯燥而乏味。有志於參禪、想要了解生命真相的人，或許能從中得到啟發。

本書中的文章都在佛教雜誌刊登過，有一定的水準。

本書除了談論佛法之外，也融合了佛學與文學，尤其是「真善美之旅」這篇，透過文學與佛法的形式，把真、善、美呈現了出來。有感性、有知性，既能滿足人們理智上的需要，又能夠引起心靈上感情的共鳴。

慧廣二〇一三年四月於草屯覺苑

慧廣法師著作列表

《修行的路可以這樣走》
《當前佛法的會通及問題》
《禪宗說生命圓滿》
《彌勒淨土真義闡述》
《彌勒淨土修持錄》
《懺悔的理論與方法》
《從佛法看人生》
《佛教修行探討》
《佛法能幫助你》
《禪宗說法與修證》
《從無我空到達解脫》
《修行、怎樣修》
《佛法知見》
《佛教怎樣修行》
《生命的真相》
《佛學問答》
《佛教教理與修行》
《無我與隨緣》

詳細內容請見網站 http://a112.com

目次

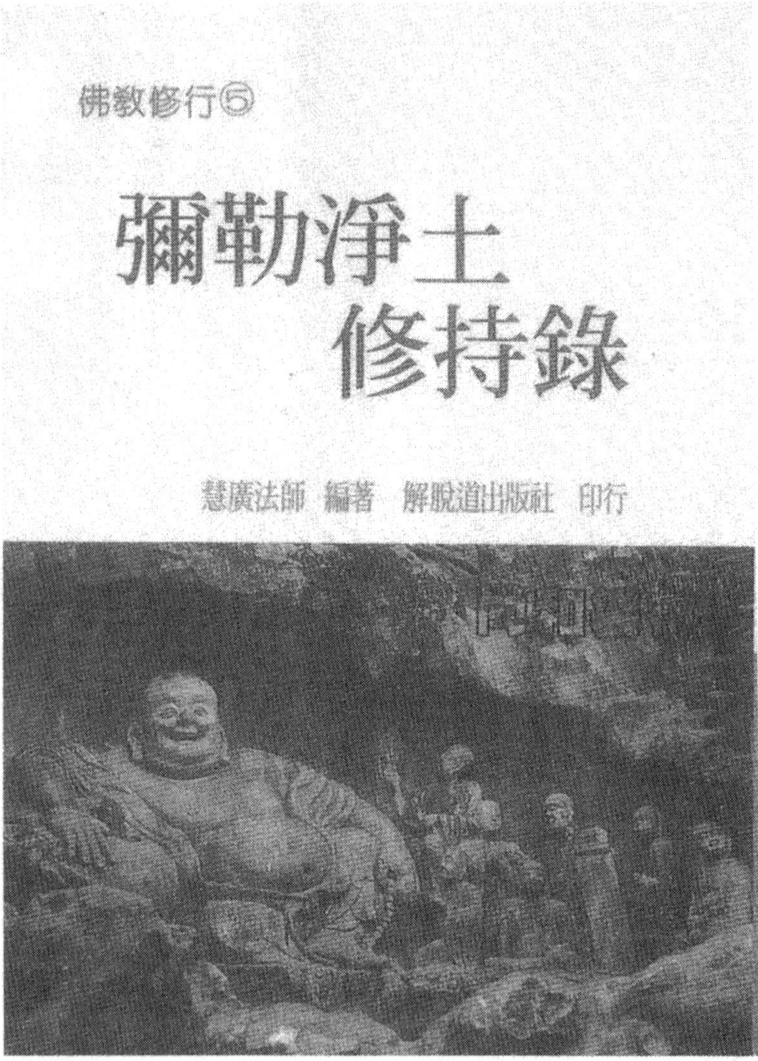
佛教修行⑤
彌勒淨土
修持錄
慧廣法師 編著 解脫道出版社 印行

生命的意義

1

「生命不在長短，只要活得有意義。」

十年、二十年……五十年，乃至一生庸庸碌碌、畏畏縮縮而活的人，不如一年、一月乃至一日而活得有意義的人，只要生命曾經綻放過光芒，這一生就已值得，生、死已無關緊要了。

活到一百歲，和只活到三十歲、二十歲的人，根本上並沒有什麼差別。雖然，前者多活幾十年，後者則少活了幾十年。但，這只是人們觀念上的感覺與執著，對於體認得生命意義，清楚宇宙真諦的人，存在的長短已不覺得遺憾。

時間就是永恆，活到一百歲，和只活到二十歲，是一樣的。一年就是萬年，萬年存在一年中。

人們以為離開了瞬息萬變的時間，別有永恆的存在，這是不對的。永恆存在時間中，離開了無常的時間，就沒有永恆的存在。所以，只要你創現了永恆，將人生提昇到永恆的境界。那麼，生命的長短，又有什麼關係呢？

2

只要活得有意義，生命就會接近永恆，不再只是短短的幾十年。如何才能活得有意義呢？

從淺近方面來說，生活離不開工作，所以，要活得有意義，必須從事有意義的工作。什麼才是有意義的工作呢？就是屬於付出與合乎靈性要求的工作。

屬於付出方面的，就是做有益於人類、國家社會和一切生靈的工作。世界各地正有許多這些工作，在等著我們去做。

合乎靈性要求方面的，就是追求完美，和生活在真實中。看！藝術家為了追求藝術的完美，可以犧牲物質的享受，甘願與貧困為伍。

作家為了一篇文章的完美，不惜再三的修改，一再的謄寫。

歌唱家為了一首歌能完美的唱出，私底下不知已經練習了多少遍。

還有各行各業中，許許多多的人，也都是這樣，不辭辛苦的做著所從事的工作。他們不但毫無怨尤，還做得滿心歡喜，因為他們覺得，自己所做的工作，是有意義的。

當他們全心一意的，為他人或自己靈性而工作時，不再感覺時間的存在─時間已經停止，不知老之將至─生命哪有長短？這，不就是永恆嗎？

3

至於生活在真實中，這是人生的最高境界，也是永恆的境界。什麼是真實？真就是不假、不虛偽；實就是實在、不做非份之想。換句話說：這是一種不撒謊、不做作、不違背良心，純乎心性而行的境界。

由於不作假，本身的優點、缺點，一目了然，所以能不自負也不自卑。

由於不作非份之想，所以能安貧於道，而知足常樂。

由於不違背良心，所以心無罣礙，日日是好日。

最重要的是：依心性而行，該作則作，不該作則止，所以，沒有妄想煩惱。

這種生活，已經超越了意義，而意義自在其中。

總之，能夠完全活在真實中的人，將不再是普通的人，而是超凡入聖的聖者了。（原刊於「妙華佛刊」七三期）

兩次參禪的回憶

前言

從接觸到禪學而進入佛門的我，在過去曾經有過多次的參禪，但在最初，對我的心有所啟發的，只有兩次。這兩次，確實參出了一些消息。

一、生死問題的參究

第一次參究，是在我出家後不久。那時，我還是個沙彌，和另外一位年紀較大的沙彌，在鄉間向人借了一間無人住的房子，我們就住在那裡用功。他念佛，我參禪。我參的問題是：

「如果有一天，我死了，我將到何處去？那時我還存在嗎？」

參的方式是：將這問題放在心裡，毫無方向，沒有方法，不作分析的想著，坐也想、不坐也想。覺得左想不是，右想也不是，參了一些日子，始終參不通。但因為這個問題對我來說，是很切身的問題，從十六歲開始，我就被死的問題所困擾，心中一直害怕著死。所以，就斷斷續續的、長久的在思索著這個問題。到了二十七歲出家，仍然未得到令我心安的答案。其間，雖然看了不少的佛經書籍，在知解上早已知道人死後將到何處去。但是，這種外來的知識，卻不能讓心靈很堅定的相信，心裡仍在半信半疑之中。因此，提到生死問題，我一直有著濃厚的興趣。

所以，儘管已經參了幾天，還是參不通。但我並沒有氣餒，心中仍然盯著這個問題，茫無頭緒的參著。

直到有一天，忽然間，心裡明白了：**咦，我本來就沒有生死嘛！**那裡還有死後到何處去？這個問題，根本是多餘的，**我既無生也無死，那裡還有生死？**真是天下本無事，庸人自擾之。當時，內心的喜悅，真是難以形容，十多年來，使我內心感到苦悶的問題，終於解開了，心裡確是輕鬆極了。

從此，我不再怕死，因為我知道，我是沒有死的，所死的只是身體，不是我。凡人所以會被生死所苦，那是他們錯認了四大和合的身體為自己，而不知身體非我。一旦領悟了，那麼，什麼時候死，都無所謂了。要死，隨時都可以死，不會再貪生怕死。因為他知道，他是沒有死，也沒有生的。

這種從內心體驗出來的知識，具有很大的力量，可以在領悟的同時，立即矯正了錯誤的心念行為，使行為符合於所領悟的真理。所以，真理本身就是力量，在這力量作用之下，使我覺得，當我領悟的時候，已經是解脫了。

只是，我當時乃是理悟，並非證悟。理悟以後，必須依理而精進的修行，由修而證，證悟之後，才不會再退失。可惜，我當時不知此理，理悟以後，既沒有善護其心、善養其理，也沒有再繼續參究。因此，不久之後，煩惱、執著等習氣便又覆蓋了此心。真理漸漸失去了力量，只成了埋藏在心底的理念，而後還記得曾經在心中發生那麼一回事，讓我知道，我是沒有生死，身體不是我，對此不會再懷疑，如此而已。

在我理悟的時候，雖然已經解決了我所參究的問題，但我心中明白，所悟仍非究竟。雖然，當時沒有繼續參下去，卻種下了後來再一次參究的因。

二、什麼是我的自性？

大約隔了將近一年，我一時興起，又從事了另一次的參究。這次參究的問題，和上次不同了，參的是：

「**什麼是我的自性？**」

參究之前，我先翻閱有關書籍，了解自性的性質，知道自性是空、是沒有形相的，那麼，凡是有形相、看得見、感覺得到的，自然都不是自性了。所以，身體有形相、看得見，這不是自性；妄想感覺得到，也不是自性……。凡不是自性的東西，我就否定它、捨離它，然後在心中提起「**什麼是我的自性？**」針對問題，將全部的心思集中在那裡，但不作分析、思考。問題在心中提得太久，注意力集中得太久，而不得結果，頭腦會稍感不舒服，心裡也會煩悶，於是，我便放下：「**所參的也不是我的自性。**」一切都放下。等到放下太久了，妄念開始產生了，我又再提起：「**什麼是我的自性？**」

如此，提起與放下，互相的運用。有時坐禪，有時隨意走動，並視情況的需要，以文字在日記簿上，稍作分析，以幫助理路的深入。

如此的參究，將近一個月，本來想繼續下去，因為身體情況不良而停止。

這次的參究，有兩件事可以提出來一談：

（一）是在參究的過程中，由於妄念很少，精神沒有分散，連帶的睡眠時間也就縮短了，不再像平常那樣，必須睡七、八個小時，只要四小時就夠了。在每天晚上十點入睡，凌晨兩點就醒來。平常，偶爾會不大容易入睡，起碼也要躺上半個小時，才能入睡。但在從事參究的一個月內，卻很容易入睡，躺上床不必五分鐘就睡著了。而且很深眠，不會作夢。一覺醒來，剛好是凌晨兩點左右，中間從未醒過。醒來後，精神非常好，要再睡也睡不著，自然就起床坐禪用功了。

由此我想到，佛經中記載：佛陀要比丘在晚上的前夜（六點至十點）與後夜（凌晨兩點至六點），都要精進的行道用功，不以睡眠而浪費時間，只在中夜（十點至凌晨二點）睡眠以調養身心就夠了。這在以前，我是不容易接受的，總認為四小時的睡眠實在不夠。但經過此次的體驗之後，我才明白，在專心用功時，晚上有四小時的睡眠，已經很足夠了。

（二）由於專心的參究，妄念減少，心裡越來越明白，因此，領悟了一些以前不懂的佛理，也發現了以前自己一些不對的行為。於是，加以發露懺悔，消除了不少心中的污染。心裡越清淨，妄念便越少，智慧似乎越來越增加了。

有一天，忽然領悟到唯識的道理，知道世間一切好好壞壞、是是非非，完全是自己所分別、所想出來的，而對方未必是好、是壞，或是或非。這些道理，平常也懂，但不會深刻。舉例來說，有時候，我們會怨恨一個人，常為那個人而感到苦惱，但在領悟到一切是唯識的道理之後，苦惱馬上就清除了。心中不禁感嘆：唉！我這不是自找苦吃嗎？何必如此呢！人，真可憐，一生中的喜怒哀樂，完全是自導自演而有的。人，自己是演員，自己又是觀眾，有時候，演出了幸福的喜劇，自己看了，高興得不得了；有時候，演出了悲劇，自己便悲哀流淚，從沒有想到那只是一場戲，何必認真呢？

唯識道理，以前從書本上也瞭解了一些，但總是似懂非懂的，經過了這次的體會，才算懂了，心中不會再懷疑。

由此可知，佛法是必須實證的，沒有經過實證的佛法，猶如浮萍，沒有根，對我們的生命，發生不了多大的關係。經過實證的佛法，則是根植於我們的內心，從我們心中流露出，充滿著活力與熱感。這種佛法是有生命的，不再只是書本上的知識。因此，佛經所說的，絕非只是一種知識，它是可以實證的。有些較深的道理，像唯識、空、唯心等等，沒有經過實證，往往不容易了解。因為這些名詞所表達的，乃是一種境界，這些境界必須由修行才能到達。

所以，只要在修行中達到了唯識的境界，唯識的道理不用人家說，你自然就懂了。達到空的境界，空的道理不用人家說，你就懂了。達到唯心的境界，唯心的道理不用人家說，你也懂了。

因此，我國古代有些禪師，他們並不認識字，但在修行開悟之後，所有的佛法，各宗各派便都通達了。像唐朝的禪宗六祖慧能，他自稱不識字，卻留下了中國佛教史上最有價值的「六祖壇經」。民國十年間，大陸上有位慧明法師，也是不認識字，但開悟之後，所說的話句句皆符合於佛法，從「慧明法師開示錄」一書中可見。

所以，佛法絕非只是一種知識，它是生命中某種層次的境界，只要你到達這種境界，佛法就懂了。我所以能夠在這次的參究中，領悟到唯識的道理，那是因為我的心已到達了唯識的境界。於是，對我來說，唯識不再只是書本上的知識，而是我的心、我的生命的一部份，所以我能懂。

在我領悟了唯識的道理之後，有一天，我拿了一本「楞伽經」來看。楞伽經等於是大乘佛教的總概論書，佛教中各種主要思想，以及一些難解、高深的問題，都在經中作了解說。但它是哲學化的一部經，非常難懂。以前，我曾經看了兩三遍，卻始終看不懂。

可是，這次拿來一看，情形就不同了，一看便懂，心裡感覺很奇怪，這部經說得如此清楚，為什麼以前看了幾遍都看不懂呢？當時看得心裡真是充滿法喜，有很多經文都說到我心底來了，那時我想到古德所說的：佛經乃我心的註解，的確不錯。

佛經內所談的，不外是人心的種種—包括妄心與真心，這都是自己家裡的事，為什麼我們會看不懂呢？乃是因為我們的真心被各種妄想、煩惱、執著所覆蓋，因而談起自家事來，自家人反而不懂了。如今過了一段時間的參究修行，妄想、煩惱、執著減少，乃至於消失了，於是心便靜而明，自然智慧增長，以前看不懂的，現在看得懂了。

參禪成敗的關鍵

這次的參究，並沒有參出結果來，但由於因此看懂了深奧的楞伽經，其他的經典，大多也就看得懂了，等於奠定了我的佛學基礎，倒也是一項意外的收穫。

至於參究不成的原因，後來才發現，乃是缺乏一種堅定的決定心，就像佛陀成道前所立誓的：「**若不證正覺，誓不起此座。**」如果有此堅定心，自然會將生死置之度外，不達目的決不停止參究。

那麼，佛陀已經親身為我們印證過了：經由堅誓，佛陀終於證得正覺。所以，我們將得到同樣的結果—參禪一定能夠達到目標。

（原刊於「普門雜誌」六卷一二期）

就在無語言名字，世界呈現一合相時
適機喚起我，翻然醒悟：
這就是見性啊！

前後際斷非空無，靈靈明明不思議，
多少修行迷路頭，不如息心又忘緣；
見性分明六根現，迷人不識還找性，
也無心所也無緣，著境妄立心與緣。

從此之後
好像多了一隻眼睛
看經，讀書，不會被騙了

佛曆二五四八年
西元二〇〇四年 七月 慧廣

（引自《禪宗說法與修證》一書）

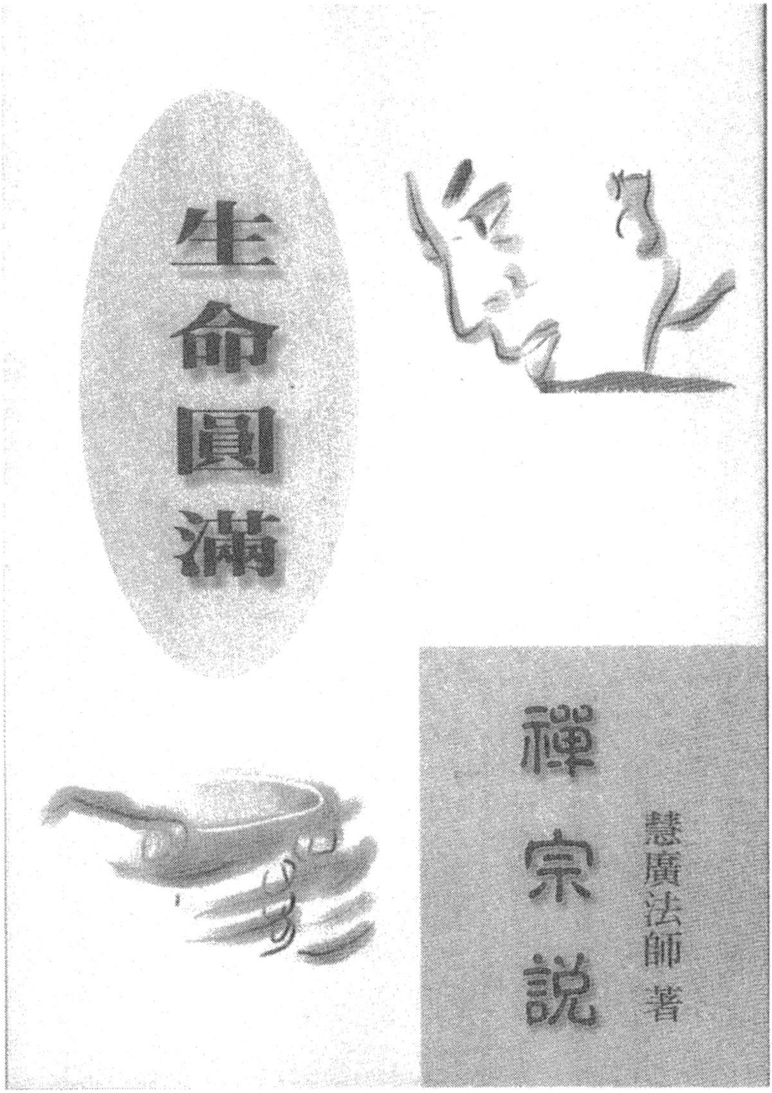
生命圓滿
禪宗說
慧廣法師 著

談發心

大乘佛教非常講究發心，佛教徒互相見面時，往往會說：「你要多發心哦！」

那麼，究竟什麼是發心？要怎樣發心呢？我想，還是從人人都懂的，人人都做得到方面談起吧。所謂發心，乃是自動自發的，發現有什麼事情需要做，他就自動去做；有什麼需要幫助，他就自動去幫助，不需要別人告訴他。如果別人告訴他，要他發心，他才發心，雖然也是發心，已經差了些了。

同時，發心又是無條件的，做了某件工作，不是因為那件工作跟他有關才做；幫了某某人，不是因為某某人是他的親戚或朋友才幫他，不是這樣的。完全是出於一種慈悲，一種利他的精神，做過就忘，不要求他人的回報。

大乘佛教講究的是菩薩精神。菩薩精神是怎樣呢？菩薩，有人把他解釋是眾生不請之友，只要他發現有眾生需要幫助。他就會主動去幫助，不需要別人請他，完全是自動自發，而且是無條件的。

身為大乘佛教徒，應該常常自省自己，有沒有如此發心？要學大乘佛法、學菩薩，就是要發心。而發心，就是從自己的日常生活中，自動的、無條件的，做其所當作，行其所當行，隨時隨地利益著眾生。

這也就是修行。修行不外是修慧和修福。修慧暫且不談，修福要怎樣修呢？就是從發心修起。

一個會發心、肯發心的人，自然會贏得他人的好感，於是，他的福報就會不斷的增加。相反的，一個不發心的人，人們又怎麼會對他有好感？對他沒有好感，他又從何會有福報呢？

能夠自動，而且無條件的去發心，也就是一種無我的精神—沒有我的執著，和依我而有的自私自利，完全是立足於他人、他事、他物上。《金剛經》說：「**若菩薩通達無我法者，如來說名真是菩薩。**」（見大正藏八冊七五一頁）

所以，菩薩是必須無我─沒有我執的。不但要沒有我執，也要沒有法執。沒有我執，才能夠自動的，隨眾生需要而發心；沒有法執，就不會執著為某某人做了什麼事，而能做過即忘。如此才能三輪體空，不會有要求他人回報的念頭，才能無條件的去發心利益他人。

無我是佛教的根本精神，它是佛陀獻給人類最好的福音之一，也是大乘佛教─「空」所依據的理論。經由無我─我空，然後才能法空。

但，話說回來，最高的，也就是最低的，只要能夠從日常生活中，隨著他人所需，自動的、無條件的發心，自然就能漸漸的進入無我、空而證得解脫。

所以，大乘佛教講究發心。發心就是修行，發心就是進入菩薩位，發心就是成佛的開始。（原刊於「慧光月刊」十一期）

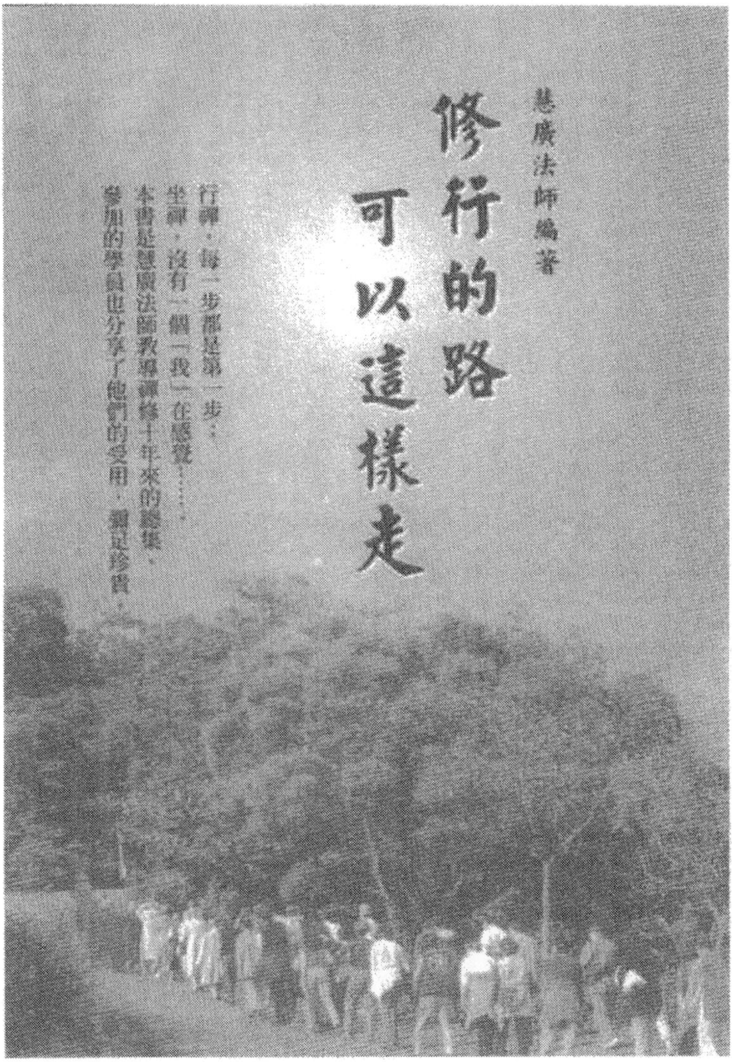
慧廣法師編著
修行的路
可以這樣走
行禪，每一步都是第一步……
坐禪，沒有一個「我」在感覺……。
本書是慧廣法師教導禪修十年來的總集，
參加的學員也分享了他們的受用，彌足珍貴。

佛法的人生觀

一、前言

世間上的一切學術，大致上可以說，都是在為人類謀求幸福，希望能夠解決人類生存上的困難，使人類活得自在與安樂。文學、藝術、哲學等，雖然與人們實際生活好像沒有關係，但它們卻使人們的精神有了安頓。

人，畢竟不只是物質的，還有精神的一面。物質的需求容易滿足，只要社會安定，就不會有問題。精神上的滿足就不容易了，尤其是，人人都有一個精神上的難題，不易得到解決，便是生與死的問題。由於生，才有人類世界，從而能夠感受到一切的興趣和快樂。所以，生是好的，相信每個人都願意生。但是，生卻不是長久的，人的生命，只有短短數十寒暑，數十年過後，就將面臨死亡。想到死，萬般的雄心，都會冷卻下來。雖然死不好，可是就有生有死，凡有生的，就無法避免死。不能沒有死，但人卻是不願意死，希望能長生，於是，便想到，死後是否還存在？人們在世間的學問中，找不到能夠解決生死的方法，自然就會趨向於出世的宗教。

世間的學術有多種，而各有不同，宗教也是一樣。目前，除了佛、道、耶、回等較大的宗教外，還有許多新興的宗教。在這許多大小不同的宗教中，究竟哪一種宗教的主張正確？能使我們對生死的問題獲得圓滿的解答？由於感受到生的無靠、和死的無從，多數的宗教，皆主張信仰神，把解決不了的生死問題，寄託在冥冥不可知的神（上帝）那裡。將神想成是萬能的，甚至把宇宙人生、和一切都想成是上帝所創造的。卻不知上帝的父母是誰？上帝今年幾歲呢？

佛教是不同於一般宗教的，它強調智慧的重要性。有智慧的信仰，就是智信，而非迷信。人的生死問題，必須在智慧的觀照下，才能得到正確的答案。對人生有了正確的認識，然後，依此人生觀，去做人處世，便可以減少錯誤，並由此而消除了因錯誤所帶來的困擾。

二、緣起虛幻的世界

佛法，對世界是持怎樣的觀點呢？世界與人生，以佛法的眼光看來，是虛幻的，並非實有，是以眾緣—各種因緣、條件的配合而有。這眾緣的本性可以想知是空的，也就是說，因緣並沒有實體。

那麼，依此緣起的人生世界，怎麼有可能是實在的？緣起的本性是空，緣起的一切應該也是空，如果是有，那就犯了因果律，煮沙也能成飯了。所以，緣起而有的人生世界，不是真有，乃是個幻有。我們感覺到有山河大地、眾生和一切，這是我們的妄覺，正如人在睡眠中作夢了，在夢中，就不知所夢是假。如今，既然知道了一切是妄、是假的，就不可再執著了。人生如演戲，分配到演什麼角色，就去演。因為戲是假，角色的好壞，和真正的自己，有什麼關係呢？不過是一場戲，演過就算了。

因此，不必去計較人生是非得失，安於自己的人生。生於富貴的人，就以富有的方式去生活；生於貧窮的人，就以貧窮的方式來生活。富貴好，貧窮同樣也好。如果覺得不好，那是我們起了分別心，去執著計較，不知是假戲所致。生要歡喜、感謝，死也要歡喜、感謝。因為死使我們可以從世上完全休息了，不也很好嗎？

三、空的人生

佛法的要點在「空」，一個人能夠真正的瞭解了空，才算是進入佛門。從對空的瞭解中，也就可以培養出曠達的人生觀：不執著，隨遇而安。我們所生存的世界，本來就是一個相對的世界，有好，也就有壞；反之，有壞的，也一定就有好的。為什麼我們不去看好的一面，偏要去看自己不喜歡的、壞的一面呢？而好壞又是不一定的，端在自己的立場如何。換了另外一個立場，好的可能就不好，壞的可能成為好的了。但，究竟說來，好壞皆無實性，什麼是好的？什麼是不好的？能夠進入佛法的空，便可免除這些是非執著。空就無我、無法。人們所以有煩惱痛苦，都是「我」在那裡作怪。有我，就執著我，於是，私心便生了：這是我的，你不能拿去！你不能破壞到我的面子……。但是，自己有我，別人同樣也有我，他也會為他自己打算，如此，爭端便發生了。所以，國家、社會皆你爭我奪，人類世界不免戰爭，這都是為著虛妄不實、非有、非我的我所引起。佛法講空，就是要人人無我；無此虛幻假妄的小我，回復到常樂我淨、眾生一體、萬物同源的大我。如此，人類世界才有安和的時候。

有人會懷疑：空是消極的。其實，既然是空，空就無形相，也無名稱，那裡會有消極這個東西呢？因此，從空所產生的人生觀，並不是消極的，它具有：1　自由性的，人生是解脫、自由自在的；2　主宰性的，宇宙萬物的主人，就是我們自己，不是神上帝；3　創造性的，人有創造的自由和能力；4　中道性的，無依無著，所以能不偏有，亦不偏無。

1．自由自在的

為什麼說：人生是解脫、自由自在的呢？因為，人生的一切是空。一般人所以不能解脫和自由自在，就是不知空，而為有所束縛，不知有乃幻有，**「色不異空」**、**「色即是空」**（般若心經之文）。空的如何會束縛我們呢？

在中國禪宗史上有一個故事：四祖道信未開悟以前，曾去拜訪三祖僧璨，向三祖說：「請和尚慈悲教予我解脫的法門。」三祖問：「誰縛你？」四祖答：「沒有人縛我。」三祖便說：「既然沒有人縛你，如何向我求解脫呢？」（見《景德傳燈錄》，大正藏五一冊二二一頁下）。因此，人本來就是解脫的，由於無知迷惑而不覺，假使有束縛，也是自己找來的。

有人會說：沒有呀！我怎麼會去找束縛？譬如：妄想一大堆，停止不了；煩惱來的時候，要不煩惱也做不到，這豈不是妄想和煩惱將我束縛住嗎？可是，請問：妄想和煩惱從那裡來？答案是：從自己心裡來。這就是了，知道妄想、煩惱不好，但我們偏要去妄想、去煩惱。或者說：我也知道不好，就是斷不了呀！其實，妄想、煩惱如流水，斷如刀，以刀斷水水更流，不是斷得了的。那麼，要如何呢？心不生妄想、煩惱，不就好了。可是，我也知道，就是做不到呀！為什麼做不到？有人叫我們做不到嗎？做不到的是自己，做得到的也是自己。如果，真的做不到，就跟它去，看看妄想、煩惱是什麼？為什麼怕它，被它所束縛、所左右呢？

佛法是講究心物一如的，因為，心和物並非是兩樣東西，而是一體的兩面。這體還是空的，所謂「**本來無一物**」，本體既然是空，心物便是虛妄的了，所以能夠不著於心或物，不著就沒有束縛，三千大千世界，只是緣生性空，有什麼會束縛我們？就是有，也是自己束縛了自己。當一個人在太陽底下走路的時候，地上就會有自己的人影，這影是從自己身上呈現出來的，不要怕呀！如果有人看到太陽下自己的人影，便把它當作鬼，以為鬼跟著自己，這不是很可笑嗎？

三界唯心，萬法唯識，是佛法中很重要的一個教理。

但，談到心，話就多了。對佛法有些了解的人，就會知道，人有個妄心，又有個真心，凡夫所知道的，只是妄心，我們隨便問一個人：什麼是你的心？你的心在那裡？他除了指心臟是心之外，便是說：我這個會思想的，便是心。但在我們，尤其是看過楞嚴經的人，就知道，他認錯心了。那個，不是他的真心，那個正是生死的根本。人生之有煩惱痛苦，和輪迴六道，都是那個東西所帶來的。然則，人的真心在那裡呢？楞嚴經裡，阿難尊者七處認心皆不得——就是說心在身內、在身外、在身體的神經系統裡、在內外明暗之間、在思想裡、在身心的中間、在無著的地方。結果，都被佛所否定。

如此，心在那裡呢？其實，心何嘗不在那裡。什麼不是心？心也沒有內外之分，有內外之分的，乃是有形質、有阻礙性的東西。有形質和阻礙性的東西，便是物質。心是不是物質呢？當然不是，既然不是，就沒有阻礙，所以心沒有內外之分。內裡是心，外面也是心，我是心，你也是心，盡一切無非是心，因此說：三界唯心。我們不可讀到楞嚴經，看到阿難在找心，自己也就跟著去找心。那便成了鸚鵡學語，或騎牛覓牛了。佛經裡已經告訴了我們：三界唯心。還有什麼不是心的？真心是心，妄心亦是心，水波當然也是水呀。要找心，那個能找的，不就是心嗎？心為一切主者，不是心，怎能去找心？一切的一切，都是我們的心——都是我們自己。因此，釋迦牟尼佛誕生的時候，他就敢說：「**天上天下，唯我獨尊。**」總之，三界唯心，所以沒有束縛，人生本來是解脫一切，自由自在的。

2．主宰的

但是，話說回來，為什麼我們不能解脫，不能自由自在呢？這就是不知萬法唯識。由於無明妄動，而將如如的一真法界，先分為欲、色、無色三界，然後再將三界化為萬法；有了各種差別的法，內心便建立了價值關係：這是好的，那是不好的。不知是虛妄，內心的見解是錯謬，以此自縛縛人，形成習氣，越轉越深。這都是識—依妄心思想才有的。

可是，三界因我們的心而有，萬法也從我們的識變現。下地獄，是自己跑去的；上天堂，同樣也要自己去。自己便是主宰，宇宙、萬物不是神—上帝所創造的，是眾生的心識共業所感現。因為人自己是主宰，人的命運也就操在自己手裡。一個佛教徒不要去找算命看相的，被算了命、看了相後，就認為自己的命運如算的那樣，不敢再有所作為，那就枉費他的信仰了。人的命運，雖然算得出，卻是可以從我們的行為中來改變的。明朝袁了凡的故事，可能有很多人知道，他在「了凡四訓」這本書裡，談到了他改變命運的經過，便是一個很好的例子。

3•創造的

由於人自己是主宰，所以就能創造、有創造的能力，我們必須好好的創造。創造便是人的生命，宇宙萬物，生生不息，那也就是創造。

為什麼要創造呢？我們來看這個世界、社會、人類或自己，是否都完美呢？不是。創造的意義，就是要使這個世界，乃至自己，能夠從缺陷變為完美。

再以人生來說：本質上是空的，既然是空，人生便應該是解脫，有著無限的自由和自在才好。但是，為何我們感到有束縛，不能解脫？就是因為人最初的一念無明，反其根本的解脫而行，種下了束縛的因緣。如今，要返本解脫，便必須再創造解脫的因，等到因緣會合，人才能恢復本來的自由與自在。所以，成佛不是口說就行，也不是懂得佛理就可以，不然，佛經裡已經告訴了我們：「**心**、**佛**、

眾生，三無差別。」既然沒有差別，眾生就是佛，你是佛，我也是佛。可是，佛有六度萬行，有十力、四無畏、十八不共法、智慧無礙、大慈大悲……種種的德性，我們有嗎？沒有！因此，必須經過修持，具備了佛的一切美德、能力，才能稱為佛，否則，只是名字佛，有名無實。

所以修持也就是創造，創造成佛的生命。不僅自己必須創造，人類、社會、世界，更需要創造。諸佛菩薩所以要度化眾生，莊嚴佛土，就是在此。創造才有進步，理想才能實現。

4•中道的

我們所生存的世界，是相對的。相對的意思，就是表示兩樣性質完全不同的東西。譬如：日與夜、水與火、有與無、動與靜、善與惡……等等，世界人生能夠生存，便是靠此對待。不然，如果只有白天，白天人們就必須工作，沒有夜晚可以睡覺休息，如此，人豈不是要工作至死？只有火，沒有水，人會熱死；反之，有水沒有火，人也會冷死。說起來倒也奇妙，這兩樣完全不同性質，如水火的互不相容，何以能同時存在？互相間的矛盾如何能統一，而相安無事？就是靠著平衡，兩方面皆平重，不能有一方面較重或較輕，否則，就會出毛病。這平衡，便是適當，亦即中—不偏。佛法所以講「中道」，儒家也說「中庸」，道家則說「自然」，皆是同樣的道理。

因為中道是宇宙人生的規律和真理，人生存在宇宙內，所作所為就不可違越它，必須注意自己的一切是否合乎中，而沒有偏差。

譬如：佛法雖然說世界人生是空、是虛妄，但這是從本體的觀點來說，我們卻不可沈溺在空裡，認為一切既然是空，作什麼也沒有用。要知道，本體儘管空，現象卻是有。雖然有是幻有，因果還是不可思議的，也不可亂來，去作壞事。如果為非作歹，到了受果報的時候，就知道苦了。因果雖然也是虛妄，但，就如睡中作惡夢，夢見自己被人所砍殺，或墮入地獄，受到割肉剖腹。試想，在夢中是否也很痛苦呢？所以，知道空，不執著空，空而能有；知道有是幻，不執著幻，同樣認真，才是中道。因此，諸佛證悟到一切皆空之後，同樣出來度眾生。而眾生是虛幻，也不執著於有眾生可度，但作夢中佛事而已。儘管是夢事，那大慈大悲，又是多麼的光輝！

所以，中道是很重要的，只要所作的合乎中道，事情就能圓滿。舉個例子來說：坐禪的時候，妄念很多，斷除不了，這時如果執著一定要將它斷除，這就是偏了，妄念也去除不了，必須放下斷除之心，知道念即是空，不管它。如此，說不定，妄念倒是沒有了，這就是不偏、適當，合於中道的原因。可是，假如又執著不必管妄念，便又偏了，妄念可能又多了起來。這時，就必須管，念起即除。因此，從中道的觀點來看，執著不對，不執著也不對。空和有、提起和放下，必須互相為用，才是適當。

前面曾說，不論自己，或是人類社會，都需要創造。但這個世界的一切，都是有條件—有因有緣的，因緣具足才能成就事情。所以，雖然佛菩薩是大慈大悲，從久遠劫來，就不停的救度眾生，照理來說，眾生應該早被度盡了，為何如今還是那麼多呢？這就是因緣的關係，佛不能度無緣的人，也不能滅除眾生的定業。因此，無量無邊的眾生，在佛的悲願與大慈之下，依然生死輪迴不停，可見因緣的利害和重要。然而，我們又不可就此執著因緣，以為世間一切都是因緣法，努力也沒有用，等候因緣吧。如此，便又不是中道了。世間法雖然都不離因緣，但因緣卻是靠自己去爭取、去創造的，決不會從天上掉下來。有因就一定會有緣，我們要做一件事，就是因了；不過，這件事要實現，必須很多人幫忙，那麼，就將此事向人介紹，使人認識贊助，這便是爭取緣。因如果是正確的——就是所要作的事情是善良、有利益於他的——只要爭取，一定就有緣會來配合，唯會有快慢而已。

由於有很多佛教徒，聽了佛法所說：世間一切皆是因緣。可是，卻了解的不徹底，便被因緣所害了，有什麼不幸、不如意，就說那是因緣，不謀求改進，人生不再奮發，意志消沈。於是，影響到，未信佛教以前，事業順利，人生如意，信了佛教之後，竟然事業失敗，一切少有如意的，因此便怪罪於佛教。真的是佛法害了他嗎？不！佛法如果會害人，它絕不能存在了二千五百多年，而且吸引了那麼多的人來皈依，乃是受到自己對佛法認識錯誤所害。

佛說因緣的要點，是告訴我們緣的重要性，有緣才能成功一件事。但是，要有緣，一定要先有好的因，沒有好的因，別人怎麼會來助緣？比方：有一個人，他要做一件事，這件事卻是不善的，做了後，會害了別人或社會，只滿足了他的私心。試想，有正義感的人，會幫他去做嗎？相信是不會的。如此，他便有因無緣，事情也就做不成了。

菩薩畏因，凡夫畏果。畏果是不對的，造了惡因，已經感成惡果，要受報了，才來畏怕，已經太遲了。我們如果了解到緣的重要性，由緣又知道因的重要，我們就會種好因。有好的因，就容易得到好緣，因緣具足，就可以成功一切事情。在另外一面，領悟了因的重要，也便能使畏果的凡夫，像菩薩那樣的畏因。畏因就會慎於造因，不敢造惡因，也就不會感受惡的苦果，人生也就安樂多了。這都是對因緣道理的了解所得來的，誰說因緣會害人呢？

每一個人的智慧、學識，皆高低不同，對佛法的了解，有些人免不了會有錯誤。人生，從最初——一生下來就不對了，怎能要求長大以後，事事皆對呢？對佛法，沒有經過內證體悟，以凡夫之心，要達到所瞭解的都正確，實在不容易。

但是，錯誤又不行，至少也要能減少，有什麼方法嗎？中道的運用，就是一個很好的方法。對自己所要做的事，必須先加以衡量，是否合乎中道？合乎中道，就是對的，否則，便不對了，應該改正。

譬如：佛教是中道的宗教，佛教徒不可消極，消極就偏了，一定要能積極。能夠出世，也要能夠入世；不偏於精神，也不偏於物質。一個在家佛教徒，他同樣也要努力去賺錢，不可說信了佛教，金錢就看輕了，不要財富。菩薩行的六度，以布施為首，沒有財富，拿什麼去布施呢？佛教並沒有叫人貧窮，只是說：勿太執著於物質金錢，而輕視了精神。要是不能富有，那就安於貧窮；貧窮有它的好處，當然富貴也有它的好處。這才是佛法圓融的見解，而圓融是從中道來的。

四、結語

佛法是要使人達成解脫的學問，也就是要恢復人生的本來。那麼，對人生觀的安排也就不能離開這範圍。

我們知道，人類的由來，是從最初的一念無明，無明為因，才形成人類、世界。這因是錯的，結成的果自然也是錯，於是人生就有了煩惱痛苦。佛法便是要使人解脫這錯誤的因果。要沒有果，必須不造因；要不造因，就要了解人生的根本是空，並認知當前的現象是幻。如此，就不會再無明而緣行，也就沒有錯誤的因了。

可是，雖然知道了世界人生本空，卻只是個理論，事實上，我們未必空得來，那麼人生錯誤的因還是存在的，一時也無法去除。於是，只好求其次了。有為法的產生皆不離因緣的結合，有因沒有緣，就不能成果。所以儘管有因，但不給它緣，因也就不能有作用。如此，人生可以免除由錯誤的因所帶來的苦果。

這就是：為什麼佛法的人生觀，從認知人本來是解脫、自由自在的之後，還必須去主宰和創造。並且，以中道為依準，這些都是要防止與去除緣的方法。能夠做到，人生就暫時沒有了一切苦。然後，進一步，就有可能得到真正的解脫，回復到無明未生之前的本來面目，而得大自在！

——（原刊於「中國佛教」月刊二九卷八期）

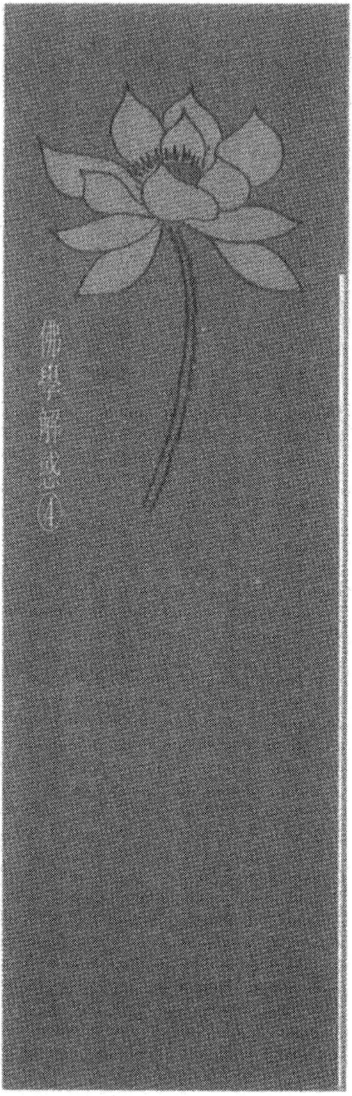

從佛法看人生

慧廣法師 著

解脫道出版社印行

修行的基礎

一、修行的所依

人身是可貴的，唯有人才容易學佛，乃至成佛。我們應該慶幸，能生為人，沒有生在他處，特別是三惡道：地獄、餓鬼、畜生。但是，我們反省一下，這世出生為人，或許是僥倖的，並沒有深厚的善根，若是做人不小心，造了惡業，後世可能就會墮入三惡道去了。

是否可能呢？自己想想看：善根有多深厚，喜歡布施嗎？深信助人是快樂之本，聞善欣喜嗎？具有慈悲、憐憫他人的心情嗎？或者，常會做惡事，雖然，明知其不可為，但卻受到情慾的驅使，還是去做了？總之，看看本身的道德如何，便不難知曉了。

佛法以十二因緣來解說人生，人因無明而迷惑，乃至造業，只要無明未破，我們都有可能去造惡業，也便有墮入三惡道的機會。所以，任何一個人，不管他是否學佛，只要他不想墮入惡道受苦，想保有人身，那就非修行不可。

「修行」是佛教的名詞，在不信仰佛教的人來說，修行就是做人。要把人做好，不可人不人的，否則，那就不是人，而是他類了。現世既已失去了人格，後世又怎能不墮落？

那麼，要怎樣來修行？這真是一個大問題。佛教一切經論，所談的無不是修行，不然也與修行有關。中國佛教所以分宗立派，也是因為修行。就如大家所知道的：參禪、念佛、持咒、觀想、持戒、修定……都是修行。由於方法多，便會有使人不知何依何從之嘆！如果不知要領，也許修了一輩子也沒有什麼成就。然而，要領在那裡呢？便是建立於：如何才能把「行」修好？使得三業清淨，不會去造惡業。

要把人做好，並不困難，只要不違背良心。「良心」換個學術化的名詞便是「道德意識」。為什麼說：不違背良心，就能把人做好？亦即能把行修好呢？能夠反省的人，就會知道，不管我們做任何事情，是善是惡，心裡都知道的。做了善的行為，心裡很舒服喜悅；做了惡的行為，心裡便顯得難過，知道錯了，不應該去做。在未做前，心裡也曾告訴自己，不要去做。可是，我們或許受了某種誘惑，也可能受到習慣性的左右，於是，便不聽道德意識的阻止，而違背了善良的心，還告訴這善良的心，說沒有關係，小事情嘛！把它欺騙一下，暫時收回良心的阻止。結果，做了之後，才讓良心來捱受難過痛苦。這心真可憐呀！修行還沒有成就的人，尚多多少少都會違背自己的良心，更何況一般不修行的人。

為什麼會如此呢？因為人們不肯直心，佛法強調「**直心便是道場**」，可見它的重要性。何以直心是道場呢？乃是因為：直心便是不要歪曲了心，順著良心而行，是就是，不是便不是，良心認為該做的，就去做，不該做的，便不可去做。心即是道，只要心不受到歪曲，心有道，就是道場了。

不能直心，便會違背良心，人們都不願意老老實實的，但如果想修行有成，那就非老實、直心不可。當然，這是指內心的修養而言，如果在與人相處，有時候則必須知道善巧方便，不能一味的老實，把直話直說認為是直心，這是會得罪人的。能夠順著心—道德規律，自然便不會再違背良心。不違背良心，才能修好身口意的行為，而把人做好。

二、不一定可靠的心

心，是個很重要的東西，成佛靠它，作眾生，乃至下地獄也是因為它。所以不知道要怎樣說它才好。心有善有惡，善是它本然的性質，惡則是人為的，是受到無明、貪瞋癡、七情六慾所支使，心才去造惡。因此，說它是良心，乃是一時的方便，究竟說來，這良心是不大可靠的，必須等到無明破除，轉識成智以後才安全可靠。《四十二章經》說：「**慎勿信汝意，汝意不可信，得阿羅漢已，乃可信汝意。**」（見大正藏十七冊七二三頁中）。

既然良心不全可靠，前面為什麼要說依良心修行呢？乃是不得已的辦法，做得到的，直下無心便夠了，根本不用修行。無心便已解脫，凡人所以繫縛，皆從心而有。如今，心既亡，不待解早已脫縛，自由自在了，也沒有修行與成佛之事，佛亦是依心而有，因此說心即是佛。可是，心已空了，佛不過是假名而已，無心的功用確是大極了，難怪經中說：供養十方諸佛，不如供養一個無心道人，來得功德大（見四十二章經十一章）。

但是，我們試試看，能夠直下無心嗎？答案一定是不能，經過了無始以來妄想執著所薰染的心，不是那麼容易就沒有的。不能無心，而心念有善有惡，一個人如果不想墮入三惡道受苦，那就得修行──去惡存善。可是，去惡存善的修行，依什麼為標準呢？必須是人人心中本具的道德意識，它是本性的作用之一，只要不以人為的情慾來歪曲了它，讓它真性直露，任運而行，自然立處皆真，觸目無非菩提。所以，不要違背自己的佛性種子（良心），讓它隨意（直心）下種吧！

能夠做到直心，而不違背自己的良心，修行的基礎才算打好。有好的基礎，才能修行有成。

三、使心成為可靠

前面談到：良心是不大可靠的，乃是因為我們未發心修行之前，不知要做好人，常常在違背良心，把這個心歪曲久了，心受到習氣的污染，自然會變質。就如一塊白布，常常受到黑煙的薰灼，久了必將變成黑布，世俗罵人「你沒有良心」、「狼心狗肺！」並非某人真的沒有良心，只是不良的習氣掩蓋了道德意識，強盜土匪以搶劫殺人為天經地義的事，便是因此之故。修行既然要依靠良心而修，那麼，良心不可靠，怎麼行呢？必須先使良心成為可靠。

如何將良心成為可靠？其實，雖然有人惡性重大，但他的心，在本質上還是善良的。道德意識乃是心的正常功用，不可能失去，只是受了太多外來塵垢的障遮，欲顯無力，必須「時時勤拂拭」，將塵垢拭清，這心便可靠了。

那麼，要怎樣拭呢？便是持守戒律。佛教裡面有各種戒；五戒：八關齋戒、沙彌戒、比丘（尼）戒、菩薩戒，這些戒便是用來拭清心裡污垢的工具。一個佛教徒能夠依戒而行，不違背戒律，必然是社會上的正人君子，他的良心也就是可靠的了。

然而，一個人在持守戒律的當中，可能因為過去習染太重，明知其不可為卻克服不了，常有犯戒的情事。同時，佛教徒分有出家和在家兩眾。在家眾以五戒為主，兼及在家菩薩六重二十八輕戒，似乎過於簡略；出家眾以比丘（尼）戒為主，再加上出家菩薩戒：十重四十八輕。其中比丘戒就有二百多條，比丘尼戒近於五百條，超過在家戒的倍數非常多。出家僧侶在修行方面，總比在家居士容易有成就，便是因戒律較嚴格的關係。所以，在家修行的人，應有自知，本身所受持的戒或有不足，未能將自己的惡習完全拭清。

四、戒律的精神

其實，戒本無戒，釋迦牟尼成道以後的初幾年中，並沒有戒。因為當時隨佛出家修行的人，在未遇到佛陀以前，大多已經修行甚久，身心清淨柔和，所以一遇到佛，三言兩語之下，即已見道，證入阿羅漢果，得無學位，修行事畢。就算有些未達到無學的階段，佛也只是教導他們善護身口意，清淨三業，所謂「**善護於口言，自淨其志意，身莫作諸惡，此三業道淨，能得如是行，是大仙人道。**」（見四分律比丘戒本，大正藏二二冊一〇二二頁下）如果說，佛成道後的初幾年中有戒，這便是戒了。

後來，隨佛修行的人多了，有人做了不該做的行為，佛才隨所犯而制定戒。因此，除了菩薩戒是三世諸佛的通戒外，比丘（尼）戒，乃是釋迦佛法中，隨眾生而制定的，所以又叫做別解脫戒。別解脫戒便是不同於十方三世諸佛所制，因為各佛所化度的眾生，業報各有不同，習染也就不能一致，必須應病予藥，戒也就難以如一了。

明白了戒，是佛在世時，隨弟子所犯而制的，便應該想到，必有不足之處。雖然，比丘戒有二百多條，比丘尼戒有四百多條，但很多是印度有用的，而在中國則根本用不上。所以，為了適應中國社會，古代的祖師，如馬祖、百丈等禪師，不得不另制定規矩，這就是有名的禪宗叢林制度。由於有這完善的制度，才使佛教得以在中國生存，至今不滅。這制度，換個名稱來說，便是中國佛教的戒律，有別於印度佛教的。雖然，它不是佛陀所制，但在禪宗叢林中，依然是人人奉行，也因此為禪林造就了不少當生解脫的出世聖者。

由此可見，持戒主要的，乃在於把握它的精神，不在於呆板的死守戒條；不然，就會如古德所說的「持戒比丘不昇天，破戒比丘不墮地獄」了！

何以如此？因為，只守佛已制之戒，而不知去守佛未制之戒。常見以持戒聞名者，死守戒條，自以為清淨，貢高我慢，這豈算是真持戒？相反的，一個懂得戒律精神的人，雖然偶爾沒有如戒條而行，但他卻能清淨三業，調伏三毒，如此又怎會墮落地獄？持戒便是為了修行，而修行又是因為我們身口意的行為有不對之處。必須三業清淨，才是修行，也才是真持戒。

因為要修行而持戒，持戒也就是修行了。所以，修行的功夫便是在於戒，能夠把握戒的精神，發揮戒的作用，才能修好行。如果從佛所制的戒律中，尚不能修好我們的行為，那就必須因應本身的習染，私下再制定個人的戒來守持。

本來，一談到修行與持戒，便已落了下根。本性無修，人人皆是天真自性佛，何用修行呢？無奈，當初一念不覺，迷真逐假，形成無明，與本覺背道而行。如今要返本還原，因為有過去無明習氣能為障礙，必須先加以消除，所以要修行，因病而用藥，病消藥除，才能回復到本來。否則，有病不治療、不服藥，那將永無痊癒的希望。但是，眾生無明雖然不異，習染則各有不同，如此，更應該因病的不同，而予不同的藥了。在佛陀所制的戒律中，另訂個人的戒，原因便是在此。

五、別戒中的別戒

那麼，個人的戒，又將如何來制定呢？這必須先了解，有否需要？以出家僧侶來說，佛所制的戒已很多，足夠治伏各種惡習了。所以，另制戒，其實只是強調其中的某些戒。因為我們正有這些戒所要戒除的壞習慣，我們一不注意，便會犯了這些戒，因此，把它提出來，加以嚴持。戒本無戒，其他的戒，不會犯到的，也就等於無持。倒是在家居士，戒律有限，志在修行，而各種習氣重的，確是有需要自訂戒。當然，佛所制的戒，原則上是不可犯的（如果某些戒，不適合本土，只要不違背戒的精神，開則無妨。）並不是說，只要守了自己制的戒，佛制的戒就不必守，可以犯了。

對自制戒的原理有了瞭解，然後才能夠制戒。如何制呢？就像釋尊當年為諸弟子制戒那樣，有犯即制，無犯便不制。

但是，這裡將會遇到一個問題，以我們未覺的凡夫，如何能像佛那樣，具足智慧，知自己或他人之所犯？為了克服這難題，就必須對佛法和戒律有深入的了解，才能明辨是非。而且，一定要保持直心。這直心也便是儒家孟子所說的「**求其放心**」——把最初一念的心放直，不要以後天的習氣、情慾來阻止或歪曲了它，這心自然具有道德標準，行為的對與錯，永遠逃不過它的裁判。

能夠直心之後，再靠著內心的反省，就會知道，自己有那些惡習，然後立下戒，嚴持不犯，將此壞習慣制止。因為所要戒除的，是惡的行為，犯了便即招罪，不然也會使心靈蒙上污垢。所以，不可認為自己制訂的戒，守持沒有功德，犯了也無過，如此，才不會失去自制戒的意義。

在世間法上，我們知道，要使一個病人痊癒，必須先知道他患的是什麼病，然後才能對症下藥，如此，疾病沒有不好的。在已有的佛戒中，自己再制訂戒來守持，便是比照這原理；能夠嚴持自制戒不犯，相信修行定能有所成就。

當然，這是一種方便法，眾生本性，圓滿無缺，應該具足的，無不具足，根本不用修。所以，凡有修，皆是方便，是要去除附在本性上的虛妄污垢，使自性顯露。本來，只要不違背良心就行了。不違背良心，就是一種很好的修行，而要不違背良心，但直心便夠了。可是，歪曲久了的眾生之心，就怕一下直不起來，因此，要靠戒律相助。卻又怕佛戒過於繁多，不如對症下藥來得效果大，才提出自制戒。

有此方便，讓戒更能發揮出它的功效，使歪曲已久的心直了。心調直以後，就不會再違背良心，修行就容易了。

—（原刊於「普門雜誌」七卷八期）

佛教修行③
懺悔的理論與方法
慧廣法師　著
解脫道出版社印行

談佛法之涵義

一、佛所說之法

談到佛法，我們就會想到：它是佛陀—釋迦牟尼所說的，因此，要了解佛法，就必須研讀佛教的經典。經典裡面，便是釋迦牟尼佛一生所說之法的記載。

佛，乃是覺悟的人。凡人不覺，執假為真，而以真為假；佛則不然，他知道假是假、真是真，覺知假之非，悟知真之為是。覺得徹底，悟到究竟。

宇宙人生，本有體、相、用三面，可是，天底下芸芸眾生都只知「相用」，而不知「體」。比方來說：什麼是宇宙？人們就會想到日月星辰，和那無限的空間以及時間，其實，這不過是宇宙之相。再來觀看，地球會繞日旋轉，太陽會燃燒光熱，花會香、鳥會囀，但這只是宇宙之用。什麼是相用底體呢？就沒有人知道了。就算是有，也少得可憐。而且，只是猜測的類似而知，不是真知吧？

再來說人生。何謂人生？有人會說：我不就是嗎？你、他不就是嗎？不！這只是人生之相。那麼，我能活動，我要做什麼就能做什麼，能走路、吃飯、大小便，就是人生了呀！也不是，這不過是人生之用。什麼是人生底本體呢？沒有人知道了。

迷於相用，觸目而不見，日用而不知，執相用為究竟，便是凡夫眾生。

相用是無常的，無常便有苦。無常也便是空的，空的也就是無我——無自性的。如此的東西，就是不好——不淨的。這是原始佛教常談到的「無常、苦、空、無我、不淨」。但是，無常之體卻是常的，也是樂的、有的、清淨的，這是大乘佛教的《大般涅槃經》所提示的了。所以，悟達宇宙人生之體的佛，大乘佛法說是常樂我淨，隨處自在，沒有凡人的煩惱憂苦。

眾生不覺，迷於相用，不知追究相用之體，因此，只見無常。如此，便有種種的煩惱、種種的憂苦。覺悟了的佛陀看在眼裡，憐憫之心油然而生：可憐的眾生呀！為什麼不知達相用以見體呢？悲憫眾生之迷與無知，誓願教導一切眾生去迷得悟，如己一樣。

但是，眾生迷體發用，因為用的不同，所承受的相也就不同，所以有六道：天、人、阿修羅、畜生、餓鬼、地獄的差別。就以人來說，也有聰明與愚痴，如今，要他們回歸本來，倒真是費事，必須先曉以大義，由解知而行證，然後因地而倒，還須因地而起。眾生輪迴六道，從這條路出去，要成佛脫離輪迴，也同樣從這條路回來。其中，還得有各種的善巧方便。於是，佛所說的法，便多得很，一個人要花費多年的時間，才能將佛所說的法—佛經都看完。

這就是佛法—佛陀所說的法，記載於文字經典中的。

二、佛法有五人說

那麼，佛法只是如此了？不！上面是站在人的立場來講的。

站在人的立場來講，因為這個世界上，有人成佛了。成佛之後，他將能使人成佛的方法，講了出來，這就叫做佛法。是佛在先，法在後。

可是，如果站在法的立場來講，就不同了。假使宇宙間沒有能使人成佛的方法存在，人又怎能成佛呢？這能使人成佛的，不僅是方法，還有其內容。所以，人在接觸了它之後，就能超越於人，而成為佛。這，佛經中就以「法」來表達；用現代化的名詞來說，便是宇宙人生底本體的真理。這真理（法）是永遠存在的。不管世間上有佛無佛，它始終存在，既不增也不減，如如不動。眾生只要實證了它，就可以成佛。因此，站在法的立場來講，便成為法在先，佛在後了。

於是，從法的觀點來看，佛法就不應只限於佛陀所說之法了。因為，法（真理）是永遠存在的，而佛法乃是能使人成佛的方法。那麼，只要能使人成佛——能使人實證到本體底真相的，都可以說是佛法了。

基於這項原則，我們就可以了解到，為什麼簡單、清純的原始佛教，在佛陀涅槃幾百年之後，會產生了輝映萬象的大乘佛教。因為，佛法並非只限於佛陀所說。《十誦律》載：「**法者，名佛所說，**

弟子所說，天人所說，仙人所說，化人所說，顯示布施、持戒、生天、涅槃。」（見大正藏二三冊七〇頁下）這是釋迦牟尼佛親口告訴我們，佛法由五人所說。龍樹菩薩依此而說：「**佛法非但佛口說者，是一切世間真實善語，微妙好語，皆出（入）佛法中。**」（見大智度論，大正藏二五冊六六頁中），因此，大乘佛教的菩薩們，將符合於佛法、不違背佛法宗旨，有助於使人成佛的方法、語言，吸收而組織入佛法中。於是，一個新的、豐富的佛教就出現了，這就是大乘佛教。因為，只要能使人成佛或有助於佛道的，都是佛法。

三、一切善法皆是佛法

只要是善法，都可以說是佛法。

為什麼說善法才許是佛法，惡法便不是？因為，佛法的主要目的，乃是要使眾生解脫世間的種種束縛。要能獲得解脫，必須透過相用而見體。這本體有一定的規律，我們的相用必須合乎此規律，才能夠見到體。合乎本體規律的相用，就是善法；反之，違背了本體規律的，就是惡法了。換句話說：我們的所作所為，合乎本體真理的，就是善，不合本體真理的，就是惡。而不合本體真理的惡法，也就是違背了自己。所以，會使自己感覺到煩惱痛苦，加重了心性的束縛；使人不得解脫，與佛法的宗旨不合，因此不是佛法。

其實，一切眾生的本體都是一樣的，所發出來的用，所成的相，應該也同樣，都是合於本體規律，皆是善的才是，如何會有不同，不合體性，成為惡的呢？這就是迷於本體，私心自用，人為因素所造成的。

由此，佛經中才告訴我們，要直心，不要將心歪曲了。這在修持佛法時，是很重要的。當我們的心最初起念的時候，順它去，是就是，不是就不是，不可加入了人為的因素。雖然，每個人都有或多或少的壞習氣，和各種的私慾，會形成惡念，在心中出現。但，人心中具有道德規律，能治惡念，只要我們不以人為來歪曲了道德規律，心自然會將惡念制止。

一切善法，皆是佛法，這可說是廣義的佛法觀了。

根據這一原則來看，凡是善良的人、做善事的人，都是在行持佛法。一個能捨己為人犧牲者，就是菩薩，不管他是不是信仰佛教。佛法不是只存在佛教內，其他各種宗教中也都有佛法的；菩薩也不只是佛教中有，其他宗教中也有菩薩的。這是大乘佛教中別有意義的說法。譬如：《大薩遮尼乾子所說經》（見大正藏第九冊），經內的主角外道尼乾子竟然是位大菩薩，而以外道身份來演說佛法。

其他宗教所以不如佛教究竟，乃在於他們對宇宙人生的本體，未確實見到。於是，感於用之奇妙、相之莊嚴，在難以思議下，就附會上了神（上帝）造世界的神話。這也難怪，他們還在迷中，未離相用的範圍，全是意識心的作用。如果能夠透過相用而見體，那麼，神造世界的戲論，就可以止息了。

雖然，其他宗教根本上有錯，但既然是宗教，就有一個共同的宗旨，就是以善來教化世人。這是所有宗教共同的價值所在，也是佛教所要認可的。因為，那也是佛法的一部份。

佛法，雖然能大利益於眾生，卻還必須眾生能行持佛法。那麼，要如何行持呢？一切善法皆是佛法，孜孜為善即是。

四、一切惡法亦是佛法

前節說了善法才是佛法，排除了惡法，仔細想來，將會覺得不是究竟之談。

佛，乃是由人親證了本體真理而成，所以，佛就是本體真理的人格化。由本體真理的人格化，人才能成佛；然後，再依此本體真理而發用成相，就是佛法了。因此，本體是佛，相用是法，佛法不外是體相用。宇宙之間一切體、相、用皆是佛法，所以禪宗說：「**青翠竹總是法身，鬱鬱黃花無非般若**」（見卍續藏一一一冊八五五頁上）。

人間世界，難免有善有惡，善是從體發出的正常的用，和形成的正常的相；惡儘管是歪曲了用和相，但同樣是法。那麼，是否也該算是佛法呢？

一般人都以為佛是全善無惡的，修行必須斷惡行善。當然，這種說法並沒有錯，只是，我們應該再深入去了解善與惡的問題。這就到了天台宗所說的「**性具善惡**」，以及成佛乃修惡斷、性惡不斷的境界了。

修行，就大家所知，是以善為依止。要達到善，卻非得用惡不可。何以如此說呢？請問：為何要修行？因為有惡的行為。於是有惡才必須修行，修行便是要斷惡。那麼，這「斷」的行為，豈非是一種惡的行為？只是，斷的目標是惡。於是以惡制惡，惡的行為便成了善的，就如醫生對於中毒的人，有時給他服下毒藥，以毒攻毒，反而救活了他。

所以，佛雖然說，犯了五逆：殺父、害母、殺害阿羅漢、破和合僧、蓄意出佛身血等重罪的人，死後一定墮入無間地獄，長久受苦。但是，在楞伽經中，佛的說法卻又不同。經說：有人犯了五逆的五無間業，卻不會墮入地獄，反而是證得無間善業而成佛。這是什麼原因呢？因為，什麼叫做父？無明卻是眾生之父，貪愛是母。那麼，修行斷了無明與貪愛，就是殺害父母了。再說，什麼是羅漢、和合僧以及佛身？「**諸使為羅漢，陰集名為僧，覺境識為佛。**」（見楞伽經，大正藏一六冊四九八頁中）如此的話，要是能夠將內心的諸使

（即習氣種子）斷除了，豈不是殺害阿羅漢了？斷除了身心五陰──色、受、想、行、識的業力活動，就是破壞和合僧了。佛就是覺，要是將我們內心的覺想，和由此而產生的我法二境的執著等作用斷除，便是惡意出佛身血。可是，不如此卻不能成佛。因此，修行、成佛乃是用惡的方法，以惡斷除惡；乃至於必須將眾生的本元都斷除才行。這行為不是惡嗎？如此怎能說，惡不是佛法？

善惡本是相對的，有善才有惡，有惡才有善。換句話說，善是用惡造成的，惡則是用善造成的。所以，善不一定好，惡也不一定壞，端在人們的運用。會用惡，惡便成了善；不會用善，善反成了惡。比方：對於一位為惡多端的人，便必須以惡來對付他，他才能改過，而成為好人。如此，這惡就成了善。否則，善待惡人，結果卻是姑息縱容，使他更加做惡，那麼，這善豈不成了惡？

從此，我們可以了解到，為什麼禪宗內的禪師、和密宗內的上師，有的會那麼兇。

只要翻開禪師語錄，就可以知道，大部份的禪師，都是很兇的，對學生的教化，常是用罵的，甚至於打，有時還傷害了學生的身體，但學生卻因此而開悟，所以不但不怪禪師，還感激不盡呢。這便是禪師善於運用惡的方法，以破除人們的無明習氣。因此，禪宗所出的佛教人材，超過了其他宗派。

密宗的運用惡，則更超過了禪宗。人們以殺盜淫妄為罪，密宗則可以運用為修持；佛教徒排斥邪魔外道，密宗則可以運用邪魔外道為護法。同時，密宗所依的是果地法，以果地眼光來看一切，便和凡人站在因地所看的不同了。所以，在密宗裡，宇宙內一切法無不是陀羅尼、無不是究竟，只要能夠修到三密相應，那麼，自己就是本尊，本尊就是自己，現前之身便是佛身；口之言詞，以及外面一切聲音，皆是佛法語（阿彌陀經也說到這種境界：「彼國常有種種奇妙雜色之鳥：白鶴……之鳥，是諸眾鳥，晝夜六時，出和雅音，其音演暢五根、五力、七菩提分、八聖道分，如是等法。……彼佛國土，微風吹動，諸寶行樹，及寶羅網，出微妙音，譬如百千種樂，同時俱作，聞是音者，自然皆生念佛、念法、念僧之心。」—（見大正藏一二一冊三四七頁上）自己心之念想，及一切眾生的心念，皆是佛的心念。

在如此的境界中，還有什麼不是佛法呢？善是佛法，惡也是佛法。不只是以惡斷惡的善的惡是佛法，就是純粹惡的惡，也是佛法。因為，從根本上來說，善惡皆無性，何有善惡？而在功用方面，善從正面表達了佛法，惡則從負面表達了佛法。

五、佛法只是假名

世間的學問和一般宗教所論說的，都只在相用上，未及本體。因此，都不是究竟之學。

哲學雖然也探究宇宙人生的本體，但由於未離相用，所得到的便只是概念，而非本體。所以，哲學家所了解的本體，乃是依顛倒的用（妄想）所生之體，他們卻執著它，以為真的抓住了本體。如果讓哲學家離開了用（妄想），他們必將吃驚，而嚇了一跳。因為，他們的命根子哲學沒有了，無依無靠的，怎能不害怕？

一般宗教又何嘗不如此，以上帝（或神）的存在，為信仰和寄託之所在，一旦否定了上帝的存在，便將徬徨失措、精神無主；甚至文化破產、道德淪喪。這可以從十九世紀末，德國哲學家尼采反基督，而宣稱上帝已死，所帶給西洋諸國文化上的震撼得到證明。其實，上帝是否存在，和我們有什麼關係呢？

凡夫的內心生命大都只在相上，就是執著世上看得見的一切為實有，如認為身體是有，山河大地是有，而不知這是無常、不實的。以無常為常，空花水月為實，人生便免不了煩惱愁苦。於是，比較有智慧的，能感到世間，也就是相之不穩，知道世上的一切只是現象。現象是變遷無常，實體應是固定常住的。

能夠想到這點，的確是人生的一大覺醒，已經從相的迷著轉回用上。只是，用亦非究竟。哲學家執用為實，以用—意識思想來探究本體，終是空勞心機。本體是常，常即固定，不生不滅的。而用—思想，乃念念生滅。那麼，以此無常之用，如何求得真常之體呢？必然一無是處。所以，哲學雖是世間諸學問之極，卻仍未達究竟。

佛法則是本體上的學問，雖也談相談用，都只是方便，為的是引證本體，絕非像世間之學的執著於相用。就是說到了本體，也只是方便顯示，畢竟此體是談說不到的，否則，本體和相用便是無差別了，佛法和世法也一樣了。然而，體究竟是體，相用是相用並不同。對佛法的這點認識很重要。

就如大家所知，三法印可以用來衡量佛法的標準。

三法印即：

（一）諸法無我：這是解說「相」的。無我便是無自性──沒有實在的自體。所以，法相的存在，必須靠各種因緣，由眾緣和合而有。譬如：為什麼有山河大地？除了客觀的存在之外，還要人們有眼睛，眼睛有觀看的功能。觀看又必須有空為緣，沒有阻礙才行。同時，更要人們內在心識的運用，不然，死人眼睛還在，他為什麼看不見世界呢？由此，可知世上諸相的不實在。

（二）諸行無常：這是解說「用」的。凡是有活動的東西，就不可能是常住，否則，它就不能活動。人們的思想，表面上看來，好像實在，但因為它是流動性的，所以念念生滅，用時即有，不用便無，也是不實在的。

（三）涅槃寂靜：這是解說「體」的。本體就是涅槃，不生也不滅，因此是寂靜的。既然是不生不滅、寂靜的，便須無相也無用，自然是連名稱也沒有，但方便說是體，不可執著真有一個體可得，有可得皆非體。

因此，佛法究竟說來，也只是假名的安立，以「相」即「無我」，「用」即「無常」，體是寂靜—體相用本空。空，不必名稱，有個名稱，空就不再是空了，但為度化眾生的緣故，方便說為佛法，人們不可執此假相，而遺忘了本來。

雖然，本體無名，也是空，卻不可把它看做如相用般的無常；反之，應以相用是有故無常，而推知空的本體必是常住的，才不致墮入斷滅論的深井。

其實，空的本體亦有相，惟乃是無相之相（空即是色，色即是空）；亦有行，惟乃是無功用行（如行雲流水，如雁過長空，不留痕跡）。只是世人不知此，執著相用而迷失其體，便有苦惱，不能解脫。等到離相用，達體解脫以後，則妄想便是本具的妙用；相即佛土的莊嚴。如此，娑婆便是極樂世界，那時，受諸相用便可無過了。

六、從假見真

從不可言說中，方便安立的佛法，雖然也說相、說用、說體，主要的目的，是在於令人捨離相用，以證悟本體，並非要人執著於相用或體中。

然而，本體是空、是常、不生不滅，體必須由用證見。可是，用是有、是無常生滅的，兩個完全不同性質的東西，就如種下瓜子，希望能長成豆，怎麼有可能？所以，本體終非思惟想念所能見到。

思想能夠上窮青天，下入碧海，一躍三千里，但，要請它找來自己的本體，那就如碰上了銅山鐵壁，過不了關，無能為力了。世間哲學就是被困在此處，學佛者，必須能越過這關才行。

可是，這鐵壁如何過去呢？說起來，確是不可思議，因為，不用過去，你本來就已經過去了。當我們用盡心思，想盡辦法，仍然過不了鐵壁，那時只得承認自己已經失敗，於是，萬分疲憊的昏睡了。等到一覺醒來，竟然出現了奇蹟。嘿！我這不是在鐵壁的那一面了嗎？回頭看那鐵壁，似有似無的，再仔細一看，不禁要嘆息了，唉！如何上了自己那麼大的當？根本沒有壁，只是虛影，而自己竟然將之執為鐵壁。這就如一個人在睡眠中，夢見自己掉入了井中，於是便憂傷痛哭，不知如何出離此井才好。忽然間，醒了過來，才知道自己原來好好的，並沒有掉入井中，何用出井呢？

由於用是無常，本體是常，便不能從用見。但體必須見，因此，惟有體自見了。可是，從另一方面看來，體沒有用又不能自見。從此可以推知，在體裡面有用，體用不二。然而，用不是無常的嗎？如何能見及常的體呢？須知，用所以無常，乃因它離開了體，如果不脫離體，體用不二，無常即常，如此，用能見體便無可懷疑了。

那麼，如何依用以證見本體呢？必須從所見的相或用中加以參究。譬如：當我們看到大自然和自己的身體，知道是相。相是無我，非實在的，如此，便不可為相所迷，而執著於中，必須追究：「**這**

只是相，相底本體是什麼？」又如：當我們有妄想時，知道只是用，有用必有體。人們妄想了一生，竟不知妄想的本體是什麼，豈不可憐？所以要參究：「**這妄想的本體是什麼？**」

就像前面所說的，證見本體（見性）的功夫，必須即此「用」，然後離此「用」。先以無常之用，來追求真常之體，亦即以妄心尋覓真心。但這乃是方便，若不知即此用、離此用，就會陷入哲學家的錯誤，無所獲或迷於半途。那麼，即此用時，如何離此用呢？此用用至盡處，而用心仍不絕，自然就會離此用。

如果有智慧的人，就可以以人為方式來加速達成離用。譬如：佛法只是假名，體亦是空，豈有一個東西叫做體呢？如此，要追究相用之體，這不是把體當成一個東西了嗎？所以是不對的，應該將此用和本體的概念都放下。於是，便沒有了用和相，但卻不可落入頑空，否則，與木石何異？

那麼，應該如何呢？銅山鐵壁過不了，卻非得過去不可，有什麼辦法嗎？沒有辦法的辦法，銅山鐵壁雖然感到過不了，仍須堅持著要過去。久久的堅持著，自會有像前面所說的，奇蹟出現，不用過去，早已過去了的時候。

——（原刊於「中國佛教」月刊三〇卷一期）

念佛往生淨土容易嗎？

台灣佛教徒的修持，大多以被古德稱為「異方便」的淨土法門為主，也就是念佛求生淨土。念佛求生淨土，乃是祈求死後的解脫。這是改變了釋迦牟尼佛、和原始佛教，求證解脫於現世的本懷。所以，古德稱淨土法門是大乘佛教所開出的異方便法門。

念佛，可以在命終後往生淨土，這是修淨土宗的佛教徒所深信著的。那麼，是不是每個念佛的人，都能在命終後往生淨土呢？答案倒是否定的。何以會如此？為什麼有的人念佛可以達成往生的願望，有的人不能呢？在此，我們就會想到：往生淨土容易呢？還是困難？

往生淨土容易嗎？從原則上來說，往生淨土並不困難，只要你想往生，就可以往生。但是，你必須做到兩點：（一）要具足往生資糧；（二）在往生的當時，沒有其他的障礙，來障礙往生。現在我就將這些道理解釋於後——

為什麼說：往生淨土並不困難，想要往生就可以往生呢？舉個例子來說：一個人，只要他想去台北，他自然就可以去台北。因為心有所念，便會發之於行動，心念會支使行為來達成所念，於是，便去搭車、或乘坐飛機，幾小時後，他便到了台北。念佛求生淨土，也是和這一樣，諸佛既然有願力要接引眾生往生祂的淨土，求生淨土的人，命終時，自然能夠感應諸佛化身來接引。所以說，往生淨土並不困難，只要你想往生，就可以往生。

那麼，為什麼又說；必須具足往生的資糧呢？這再以前面所舉的例子來說明。一個人雖然想要去台北，他就可以去台北。但是，去台北必須搭乘交通工具：坐車或飛機，然後才可以到達台北。如果不搭乘這些交通工具，凡夫又沒有神足通，是去不了台北的。

然後，車、飛機不是可以讓人免費乘坐的，因此，必須有搭乘交通工具所需的費用才行。如果沒有，要去台北，就成了無法實現的空想；念佛求生淨土，也是和這一樣。凡夫往生淨土，必須在佛菩薩化身接引之下，才有可能，否則，法界無邊，凡夫怎麼知道淨土在那裡？所以，一定要在佛菩薩化身示現接引之下，凡夫才能往生到淨土。但是，佛菩薩的化身示現，乃是靠求往生者的心念感應，求往生的人如果心念強度不夠，便不能感應出佛菩薩的化身示現接引。由此，也可以了解到：為什麼念佛求生淨土的人，有的人能夠往生，有的不能。

為什麼有的人心念強度會不夠呢？這就是修行的問題了，沒有好好的端正身口意三業，心常在散亂中，修持不純熟，念起佛來，心念如何會純一？念頭不純一，心中便有妄念，如此，就像鏡子。鏡中有塵垢，色像怎能在鏡中顯現出來呢？所以，心中有妄念，就不能感應到佛菩薩的示現。於是，要往生淨土，就必須好好的修行，修行就成了往生淨土必備的資糧了。《阿彌陀經》說：「**不可以少善根福德因緣，得生彼國。**」又說：「**執持名號，若一日，若二日……若七日，一心不亂，其人臨命終時，心不顛倒，即得往生阿彌陀佛極樂國土。**」這兩段經文，是否將往生淨土必須具備的資糧，說得很清楚了呢？

想要往生淨土，又具足了往生的資糧，就一定可以往生。那麼，為什麼又說：在往生的當時，還要沒有其他的障礙才行？這仍然再以前面所舉的例子來說明，就容易了解。一個想要去台北的人，已具備搭乘交通工具所需的費用，如此，他要到台北是沒有問題了。但是，如果在他要去台北的當時，忽然有了意外的事情發生。比如：生病了，或者有重要的事情非他親自處理不可，那麼，雖然他不缺乏去台北所需的費用，但在這些事情的阻礙之下，他還是沒有辦法去到台北。同樣的，念佛求生淨土的人，儘管已具備了往生的資糧。可是，在他命終要往生的當時，如果有生前所造惡業的現前，業力障礙了往生正念的提起，就不可能往生淨土，只有隨業流轉六道，受報去了。

所以，求生淨土的人，除了必須具足往生所需的資糧之外，還要事先消除往生當時，可能出現的業障或其他的障礙。如此，往生淨土才有絕對的把握。

這也就是為什麼淨土宗強調「信、願、行」的原因，而前面所說的，正是信、願、行的道理。因為，想要往生淨土，就已具備了信和願；一個人所以想要往生淨土，便已有了信在先—相信有淨土的存在，相信佛菩薩會來接引往生，也相信自己能夠往生，依此信才發為求往生的欲望，這就是願。

有了信願為基，就要行了，就如一個想要去台北的人，如果不行動，如何能到台北？求生淨土的人也一樣，不行動就不能到達淨土。這行便是要求客觀因素的符合主觀，使客觀不致妨礙了主觀，並可由客觀來助成主觀的信願。所以，要具足往生的資糧，和消除往生的障礙，就是行了。

因此，念佛求生淨土的人，能夠做到文中所說的，便是具備了「信、願、行」，往生淨土，當不會有問題了。

（原刊於「妙華佛刊」六四期）

中論不生亦不滅的理解

不生亦不滅，不常亦不斷
不一亦不異，不來亦不出（註一）

這是有名的「八不」偈，標在中論第一品—觀因緣品篇首。中論共有二十七品，皆在說明、顯示這八不的道理。這八不由四對合成，每句中有兩個「不」，四句中便有了八個「不」。在這四句八不中，最主要的乃在第一句：「不生亦不滅」。因為有生，才有常、一、來的現象，不生，自然也就不常、不一、不來了；因為有滅，才有斷、異、出的現象，不滅自然也就不斷、不異、不出了。所以，「**不常亦不斷，不一亦不異，不來亦不出**」，這三句都是承接「**不生亦不滅**」所開展出來的。我們只要理解了第一句，後面的三句，也就可以意會了。

而不生亦不滅，主要的，又在於對不生的理解。理解了不生，不滅也就可以瞭解了。因為滅是從生來的，有生才有滅，無生哪來滅？所以，不生自然也就不滅了。

現在，必須進一步說明的是：不生亦不滅是指什麼呢？就是指宇宙間一切法，一切法都是不生亦不滅的。為什麼宇宙間一切法都是不生亦不滅的呢？因為：

諸法不自生，亦不從他生
不共不無因，是故知無生（註二）

凡人由於沒有智慧，在無明的見思惑之下，便覺得諸法有生有滅。譬如：春有百花開，秋則葉落花萎，這不是有生有滅嗎？一切眾生更離不開生與死（滅），怎麼能說：諸法是不生不滅？所以，要成立諸法不生亦不滅的道理，非得經過一番論證不可。

這論證諸法不生的方法便是：諸法如果有實在的生，便不外是從自生、從他生，或者從自他和合而生。這從自、他、共之生，是屬於有因之生。諸法如果是從有因而生，就不出這三門生，否則便是無因而生了。因此，諸法的生處，合起來共有四。但是，研究的結果，諸法都不可能從這四門產生。

先來說諸法不可能自生的原因。自生也就是從自己生—依著自體而產生。這為什麼不可能呢？因為：（一）凡是生，必然有能生和所生，諸法如果有生，便是被生的，由一能生者所生，怎麼可能是自生呢？所以，說諸法從自生，在理論上是說不通的。（二）諸法如果有生，便是表示，諸法在未生以前，根本就不存在。不存在，哪來自體，而可以生法呢？（三）所以，如果說，諸法是自生，則諸法必須先有自體，然後再依此自體來產生諸法。可是，諸法既然已有了自體，便表示諸法已經存在了，如此，又何必再生呢？生，必須是從無而有—本來沒有的，現在有了，這才叫做生。因此，可以說：凡是生的，就不可能從自生。生即不自，自即不生。（四）諸法如果自生，就不必有其他條件，那麼，諸法便可以生後又生，生生不息。而實際上，諸法並不曾如此。所以，由這四點的論證，諸法不自生的道理，應該可以理解了。

如此，諸法應該是從他生了？其實，這也是不可能的，諸法既然不能從自生，也就不能從他生。因為，他和自是一樣的，換了一個立場，自就成為他，他亦成為自。比方：站在我的立場看來，我就是「自」，第三者便是「他」。可是，如果站在第三者的立場來看，就不同了，第三者就變成「自」，我就變成「他」。由此可見，自和他是同義詞，諸法既然不能從自生，也就不能從他生—如果他能生，自也就能生了。因此，否定了諸法從自生，也就否定了諸法從他生。所以說：「**諸法不自生，亦不從他生。**」

那麼，諸法應當是自他和合共生了？執著諸法一定有生的人，可能又會怎麼想。其實，這也是不可能。因為，自既不能生，他亦不能生，都不能生的「自」和「他」和合了，同樣還是不能生。這就等於：公雞是不能生蛋的，又如：瞎子是看不見東西的，不能因為一個瞎子看不見東西，而將兩個瞎子合在一起就能看見。所以，自他本身既然不能生諸法，就是自他和合了，還是不能生。因此，否定了諸法的從自生、他生，也就否定了共生。

諸法既然不可能從自、他、共生，那麼，諸法一定是無因而生了？其實，這更不可能的。有因，才有果；無因，怎麼會有果——諸法呢？我們觀看世間的一切事物，都是有因果的，如是因感生如是果。果是由因所感生的，無因如何會有果呢？所以，諸法是不可能無因生的。

中論所以說明諸法不自生、他生、共生、無因等四生，主要是在破斥外道。青目釋說：「**諸論師種種說生相，或謂因果一，或謂因果異，或謂因中先有果，或謂因中先無果，或謂自體生，或謂從他生，或謂共生，或謂有生，或謂無生。**」（註三）外道因為不知諸法虛妄，執著諸法是實有，所以才有找尋諸法的生處，說諸法是從自生、從他生、從自他和合共生，或說無因而生。但，經過了前面的論證，這四生都不可能。如此，就可以破除了諸法有實體生的謬計，而進入佛教所說：一切法皆無自性，畢竟是空。我們現見的諸法，是沒有實體的，是性空緣起，如幻如化，虛假不實的，豈可執為實有！

有人說：佛教雖然不承認諸法是有實體的生，但卻說諸法因緣生。因緣，佛教是承認，既然諸法從因緣生，不就表示諸法有生嗎？這不等於承認諸法是從自他和合而生的嗎？其實，這是不同的，佛教所說的因緣，並不是一種有實體的法。因緣也是無自性的，無自性的因緣，它的存在，仍然必須依因待緣才有。因復依因，緣復待緣，依如此無自性的因緣而生的諸法，豈可說是真實的生？所以，在中觀的立場，並不承認諸法是從因緣生，因緣在論證之下，自身尚且不能成立，又如何來產生諸法呢？我們再看「觀因緣品」第六頌：

果為從緣生？為從非緣生？
是緣為有果？是緣為無果？（註四）

頌文中的「果」是指諸法，因為諸法是從因緣生的，所以，因緣便成為諸法的因，諸法就成為因緣的果。這一頌是在審問：你真得認為諸法是從因緣生的嗎？如果認為諸法是從因緣生的，那麼，我要問你：這能生諸法的緣是先有了諸法呢？還是緣中沒有諸法？

因是法生果，是法名為緣

若是果未生，何不名非緣（註五）

這是說：因為是這種法（指緣）產生了果（指諸法），這種法才叫做緣。那麼，要是果（諸法）還沒有生，這生果的緣，不就是非緣—不是緣嗎？這也就是說：因為緣產生了諸法，有了諸法的存在，我們才說這使諸法產生和存在的東西叫做緣。因緣的名稱是依靠著它所產生的諸法而有，在還沒有諸法以前，因緣根本不成立，是個「非緣」。

如此，怎能說諸法是從因緣生的呢？

果先於緣中，有無俱不可

先無為誰緣，先有何用緣？（註六）

或者，你會說：果（諸法）在還沒有產生以前，已經先存在於緣中了，所以，在諸法還沒有產生以前，早已有因緣，然後依此因緣才產生諸法。其實，這是說不通的。說緣中先有果，或無果，都是不可以的。因為，如果緣中沒有果（諸法），這緣是誰的緣呢？緣是依果的存在而存在，緣中無果，也就不可能有緣。反之，假定說：緣中已先有果（諸法），果已經存在了，那還要緣作什麼？為了生果，才需要緣，果既然先已存在，也就不必再生了。同時，要是緣中先有果，果已存在，就不必由緣來生，緣就失去了生果的作用，如此，緣也就不能說是緣了。

若果非有生，亦復非無生
亦非有無生，何得言有緣？（註七）

所以，依照前頌的論證，果（諸法）不是先因緣而存在，然後才產生的，但也不可能因緣之先不存在，然後由因緣而產生的，「**有無俱不可，先無為誰緣？先有何用緣？**」同時，果也不可能先有先無而生，也就是說：在因緣之前，果的存在是亦有亦無，因為這是說不通的，有和無是不同性質，互相違背的，如何能同時存在呢？所以說：「**亦非有無生**。」那麼，怎麼可以說有因緣呢？從上述三方面找尋諸法的生相不可得，因緣也就不能成立。因緣本身尚且不能成立，諸法又怎能從因緣生呢？

所以，從前面的論述，知道了諸法不可能從自生、他生、共生、無因生，也不可能從因緣生，如此，自然是無生了。無生─不生，也就不滅，自然也就沒有常、斷、一、異、來、出諸現象了。

注釋

註一：見大正藏三〇一頁中
註二：同前二頁中
註三：同前一頁下
註四：同前二頁下
註五：同前二頁下
註六：同前二頁下
註七：同前三頁上

─（原刊於「中國佛教」月刊二九卷六期）

菩薩道與中國文化的省思

一、前言

佛法，是必須保持它獨自的面貌，還是可以與世間的學術互相發明？一個學佛的人，是可以只研讀佛教經論呢？還是可以、也必須探討其他的學問？我想，這是各人見仁見智的問題，不可能有一定的答案。

站在大乘佛教的立場來說，菩薩必須通達五明。五明是指五種學術。因此，除了佛法之外，跟佛法有關的世間學術，學佛的人，也都盡可能去了解。

佛法，自然有它的獨特處，但有些世間學問，往往可以與佛法互相發明，乃至加深我們對佛法的認識，補助佛法之不足。

本文所要說的，就是將佛法與中國文化做個互相發明，特別是大乘佛教的菩薩道思想：如何行菩薩道？中國文化對它將是有所幫助的。

二、對菩薩的感想

菩薩，在人們印象中，是怎樣的呢？他是無我，而以天下為公的。沒有一點私心─心如虛空，能包含一切眾生，乃至宇宙世界。心懷之大，超過了「宰相肚裡能撐船」；大肚能容─能容「天下難容之事」：是天地與我同體，萬物與我並生的至聖境界，所以能為芸芸含靈的慈母。如觀世音菩薩分身千百萬億，遍塵沙國土，聞聲救苦，有求必應。如此，才能成眾生不請之友。但凡人，如何做得到呢？

我想，這是身為大乘佛教徒，都會想到的問題，要學菩薩、行菩薩道，實在不是那麼容易的。

所幸，我們出生在被禪宗達摩祖師稱為有大乘氣象的中國，可以從中國的儒家文化中找到方法。

如果單從世間法方面來看，儒家文化實在是人類之寶，名正言順，以「儒」當之而無愧。

「儒」是什麼意思呢？一個「人」字旁，再一個「需」－人所需要的，這便是儒。儒家學說，主要的，就是講究人的倫理道德，也就是做人的問題；如何個人自處？人與人之間如何相處？如何提昇人類的德性？然後，推己及人，治國平天下等等；明朝憨山大師曾說：**「若不知孔子，單單將佛法去涉世，決不知世道人情，逢人便說玄妙，如賣死貓頭，毫沒用處。」**（見「老子道德經憨山解」一書卷首「發明歸趣」一段內）。

據說，到西洋等國家，譬如：美國、加拿大……去弘揚佛法，必須先研讀基督教聖經。因為西洋等國家的文化，是基督教文化，不了解他們的文化，對他們談佛法，常會有格格不入的情況，談得再好，人家也不能接受。同樣的，中國人從小就受著儒家文化的薰陶，如果我們不了解儒家文化，不能在既有的儒家文化上，因勢利導，佛法也就不容易在中國人心裡生根。何況，中國文化，有不少是有助於佛法的修行的。

三、儒道釋與戒定慧

佛教傳入中國已有一千八百多年（從後漢光和年間算起），佛教文化早已融入中國文化中，與儒家、道家並列，成為中國文化的一支。

中國文化中的儒、道、釋，就好比佛法中戒、定、慧的內容。儒家的學術就等於佛教的戒律學；道家呢？等於佛教的禪定之學；釋家，當然就是指佛教本身了。為了減少它的宗教成份，突出它的學術文化，所以，在中國文化內的佛教，就稱為釋家了。釋家，也就是佛教。佛教的內容，雖然有戒學、定學，但戒與定只是一種過程，佛教的目標，乃是在於人類本具智慧的開發。因此，佛教是智慧的宗教。在中國文化內，要談到智慧最高勝的，自然要數佛教文化所在的釋家了！

所以，如果站在佛教本位上來說，中國文化的儒家，是有助於佛教的戒律修持的；道家，則是有助於禪定的修持。當然，談到智慧的開發，只有依靠佛教本身的方法了。

為什麼說，儒家學術等於佛門的戒學，有助於佛教徒戒律的修持呢？

試問：戒律的功用是什麼？不外是端正學佛者的人品，充實內在的道德意識，並培養佛教徒所應該有的威儀。從世俗上來說，就是要做好人、把人做好，不要有不良的行為。而儒家的宗主孔子，如果在佛門內來說，就是一位大修行人。《論語為政篇》所載：「**吾十有五而志於學，三十而立，四十而不惑，五十而知天命，六十而耳順，七十而從心所欲，不踰矩。**」這便是描述孔子一生修行的過程和成就。

「志於學」的「學」，絕不只是現代所說的智識學問，而是學習如何做人處世，如何率性修德，以提昇人生的價值和意義，讓生命到達真善美之境。所以「學」是學道。從道以豐實本身的品德，如此之學才有意義。我們看論語，裡面所說的，都是做人為學的道理，從修身、齊家，以至治國、平天下，這不等於佛教所說的由小乘而大乘，從修菩薩道以至成佛，而廣度眾生的修行嗎？

戒，是佛門弟子修行的規則，有此規則，修行才能有所依循。

但是，戒律乃形式上的硬性規定；這樣不可以！那樣不可以！守持起來，有時難免感到枯燥乏味，乃至厭煩，這個時候，如果能配合研讀論語，心中的厭煩，相信就可以消除，而很樂意的來持戒。

為什麼會這樣呢？因為，論語在無形中，有一種導人向善的力量。孔子真不愧是大教育家，他並不硬性規定人們什麼不可做，什麼可以做，只是諄諄善誘的，將人們應該做的道理說出來。他說的是那麼切實，人人都聽得懂、做得到，讓人們覺得，生為一個人，的確必須像他所說的那樣，才是個堂堂正正的人。於是，知所進止，做其所當作，禁其所不該作的，無形中，就有了類似佛教徒持戒的行為。

論語不像佛教的戒，從外在上，硬性的規定我們的行為，它是從內在來提昇我們人的道德意識。然後，誠於中必形之於外，自然的，便會約束自己的行為，不去做惡。不會做惡的人，也就會樂於持戒。所以說，論語有助於佛門戒律的修持。

除了論語之外，大學、中庸也都是對修行很有幫助的書籍。大學、中庸談的就是：一個人如何入德、修學？如何率性進道的心性修養功夫。用佛教的名詞來說，大學、中庸所談的，乃是一種修行方法，而且是大乘的，絕不只在「獨善其身」，還要「兼善天下」。《大學》說：「**……意誠而后心正，心正而后身修，身修而后家齊，家齊而后國治，國治而后天下平。**」這不是可以和大乘的菩薩道思想互相發明、互相輔助嗎？

所以，論語、大學、中庸等儒家經典，實在是等於佛教的戒學，對佛教徒的持戒修行，是有很大幫助的。

再說到道家，為什麼等於定學，有助於禪定的修持呢？

道家講究的是「清淨無為」—非仁義、廢道德。平常，一般人談到佛教，就認為是出世的。其實，這只說對了一半，真正出世的應該是道家，佛教則出世又入世。因為，從佛法要人證得的究竟涅槃看來，世間與出世間，但為一體的兩面，雖然不一卻也不異，就如般若心經說：「**色不異空，空不異色**」，兩者應該加以融合，不可偏於一面。所以，佛教是不偏於出世間的。

這可以從佛教的教主：釋迦牟尼佛本身獲得證明。釋迦佛陀儘管廿九歲就出世—出家修道，但在三十五歲悟道成佛後，便又迴入世間，說法教化眾生，到八十一歲圓寂為止，沒有一刻離開世間。而精神上卻是出世的，形成了介於世間、出世間之中，也就是超世的精神。

然後，再來看道家的宗主老子。他不像釋迦牟尼佛那樣出世專修，而是在世修持。後來留下一部道德經給關令尹，然後便騎著牛，西出函谷關，一去不回頭，永無消息了。這才是真正的出世，身雖在世而無意於世，不像孔子，為了中國的文化、政治、教育，一生奔波於當時各國間，直到老死，當然能在世而出世。這也是道家的可貴處。

確實說來，什麼叫做世間呢？它是含有煩惱、痛苦、束縛……等等的意義。這世間是如何形成的？為什麼會有煩惱、痛苦、束縛？實在是源於人心中的分別、妄想和偏執：執我、執法。如果能夠去除我、法二執，就是出世，不必更求離俗索居，道家便是從此下手修持，忘我忘法，以求回復到情識未開之前的嬰兒時期。也就是天地未分之前混沌情況，然後不求靜定自得靜定，不求出世自得出世。

我們看老子道德經，有很多經文，都是在破斥一般人以為對的觀念。譬如：「**天下皆知美之為美，斯惡已；皆知善之為善，斯不善也**」；「**天地不仁，以萬物為芻狗；聖人不仁，以百姓為芻狗**」；「**吾所以有大患者，為吾有身，及吾無身，吾有何患！**」；「**大道廢，有仁義；智慧出，有大偽；六親不和，有孝慈；國家昏亂，有忠臣**」；「**絕聖棄智，民利百倍；絕仁棄義，民復孝慈；絕巧棄智，盜賊無有**」……仁義道德，並不是不好，但是，執著了它，汲汲以求，就會為法執所苦，所以老子要破斥它。並且，要聖人「**為腹不為目**」，因為，「**五色，令人目盲；五音，令人耳聾；五味，令人口爽；馳騁田獵，令人心發狂；難得之貨，令人行妨**」。不但物欲不可要，連學問知識也是有礙於道業的，所以他說：「**為學日益，為道日損；損之又損，以至於無為**」，無為之後，才能夠「**無為而無不為**」。這些經文，豈非對修禪定的人有所助益嗎？

離欲，是修禪定者所必備的，因此，原始佛教常要修行人觀世間苦、空、無常、無我。譬如：四念處，要觀身體是不淨的，感受是苦的，心是無常的，諸法是無我的，就是要修行人去除各種的慾求與執著，以便深入禪定。

然而，佛法並不以禪定為最終的目標。禪定是共世間的，任何人皆可以修習，雖然有禪定功夫，卻不能解脫輪迴生死。要了脫生死，免於輪迴，必須依靠般若智慧。這是佛法不共世間的所在了。

由於佛教徒修禪定的目的，在於般若的證得，因此，往往不求精深的禪定功夫。禪定太深了，反而會妨礙無漏智的證得，成為定障。但是，沒有禪定功夫，又容易產生偏差。佛法知見越多，所知障也越重，同樣妨礙般若的證得。因為，般若無知—容不得分別的，一有分別，便是識，離般若—智就遠了。所以，要進入般若之前，必須先達到無知（無分別），這就非得如道家，忘我忘物，進入混沌未分的靜定中不可了。

道家由於但求出世，不更入世，修持以靜定為目標。因此，常見修道家仙宗的人，多有禪定功夫，並由定中引發妙用來。而在佛門，雖然正見、智慧高於道家，卻常是口頭禪，理上說得到，事上未必行得來。這是佛門精於理，而疏於事所產生的偏差，道家正可以補救其不足。

道家修持，在禪定上，確實有他的成就，但在智慧方面，卻嫌不足，這又是道家需要佛法的地方了。

佛法是智慧之學，它是從佛陀成道後的大覺心海流露出來的，是般若的大智慧，不是凡夫的世智辯聰。所以，凡人的智慧，是不能勝過佛法的。

本來，要斷除煩惱，了脫生死，是必須靠智慧的。而佛法又是智慧之學，那麼只要專研佛法、修持佛法就行了，為什麼又要旁通儒、道，涉及世俗之學呢？這是因為，般若必須經由空，才能顯現，般若便是空的智慧。沒有經過空的洗禮，般若是不能產生的。所以，以般若為名的佛教經典，裡面完全在談空，佛門更被稱空門—進入此門來，你就必須空：四大皆空，五蘊非有。能夠空，才可以和佛法相應。

但是，空是那麼容易的嗎？凡人從初生、乃至多少前生以來，心境都在幻有中打滾。這習氣該有多麼的重，一時改得過來嗎？除非善根深厚者，一般人如果不是下了一番功夫，是不可能要空就空的。因此，佛法在修持上，提出戒、定、慧。戒和定便是要磨鍊自己，以求淨除心性上的幻有和習氣，然後才可望達到空。

由於佛教目標高遠，志向廣大，很容易使人著迷於最終目標，而有躐等的行為。中國佛教自認是大乘，有些教徒便因此而蔑視小乘。不知小乘是大乘的基礎，基礎沒有建好，只是空談大乘的理想，未必實行得來；所謂言越高，而行越卑。理想超越了人世的現實，常會給人一種空虛的感覺。雖然，佛門也有五戒：不殺生、不偷盜、不妄語、不邪淫、不飲酒的現實奠基，但在世間來說，總不如孝悌、仁愛、信義、忠誠的人道主張，來得有實在感。

當然，這可能是我們出生在中國，從小受到中國文化的薰陶所致，但，卻是好的。中國文化是和佛法相應的，儒家有助於戒，道家有助於定。一個受過儒家、道家學說薰習的人，便等於他學佛的基礎已打好。既不會迂腐，也不會頑固。因為，儒家踏實，道家破執。如此來學佛，應該可以避免走入清談，知而不行的弊病。這要感謝於中國固有文化了。

四、儒家做人成聖的基本

中國本土文化，以儒家、道家為代表。後來，佛教傳入，經過中國思想的洗禮與融化，也成了本國文化之一。但在中國人心裡，是以儒家為文化主流的。其實，論境界的高深，儒家不會超過道、釋，但儒家竟能在三家中脫穎而出，為廣大的中國人所認同，自然有它的道理。

儒家學說的目標，在於建立人倫道德，進而超凡入聖。儒家用什麼方法來使人成聖呢？就是孝—這便是儒家的高明之處，和它的學說能夠普遍行化的地方。

為什麼這樣說呢？因為，孝是一般人都做得到的。父母養育子女，從嬰兒到長大，至少也有十多年，如此長的歲月，父母與子女間，自然建立了濃厚的感情。更加上父母的有恩於子女，子女長大後，知恩回報，乃是出於天性，不必勉強。這孝豈不是很容易做到嗎？鳥類尚知反哺，何況人類，怎麼能不孝順父母！

那麼，孝又如何能使人成聖呢？論語學而篇，有子說：「**其為人也孝悌，而好犯上者，鮮矣；不好犯上，而好作亂者，未之有也。君子務本，本立而道生，孝悌也者，其為人之本歟？**」意思便是說：一個人能夠孝順父母，並且，對兄弟姊妹友愛，他必是善人君子，怎麼會去做壞事？不怕連累到父母兄弟姊妹嗎？所以，這孝悌的感情，就是人性道德與光明的一面。自然，也是做人，乃至成聖的根本。能夠行持孝悌，無意中便是在修行，就有如佛法持戒的作用在內了。「**君子務本，本立而道生**」，根基立好，做聖也就不難了。

「聖」的境界，是超凡的，普通人凡心滾滾，貪瞋痴、財色名利……充滿心裡，要超越談何容易？儒家的宗主孔子，卻將入聖的門，建立在人人都做得到的孝悌上，由孝順父母，友愛兄弟姊妹，進而仁愛一切人類。論語學而篇，孔子說：「**弟子入則孝，出則悌，**

謹而信，汎愛眾，而親仁……」。這是孔子對他學生的要求，看起來是多麼切實，真不愧被稱為萬世師表！

五、行菩薩道的方法

回過頭來，再看佛教的菩薩，只是名稱的不同，也是一種聖人。當然，菩薩有他超過聖人的一面，因此，菩薩也就更難做了。

然而，為了成佛，非得做菩薩、行菩薩道不可。菩薩道就是六度—布施、持戒、忍辱、精進、禪定、般若，然後再加上四攝—布施、愛語、利行、同事，這都是菩薩所必須做的，比儒家的聖人難做多了。在我們凡夫看來，確有不知從何做起的感慨！幸好，我們出生在文化具有大乘氣象的中國，從本土文化中，可以找到進入菩薩道的門徑。

這個門，就是儒家所說的，從人倫上做起，也就是從父母之愛、兄弟之愛、朋友之愛、子女對父母之愛、擴大起來，推己及人，去愛他人—愛人類、愛一切眾生。

做父母的，當他們慈愛自己兒女時，應該進一步的想：凡是與我兒女年齡相仿的人，都是我兒女，我同樣也要慈愛關懷他們。從心裡有此想，進而形之於行動，看見其他年齡如自己兒女的人，都能像自己兒女一樣的慈眼視待，不分彼此。如此的心懷，豈不就是佛菩薩的心懷？法華經內，佛陀曾說：「**今此三界，皆是我有；其中眾生，悉是吾子**」（見大正藏第九冊十四頁下）。可見，佛菩薩是把一切眾生，都當作自己兒女看待，學菩薩的人，自然也必須如此了。

兄弟之情，就如手足，人，除了父母、子女最親外，就是兄弟姊妹了。所以，兄弟間，最容易建立友愛，不致有互相傷害的事情。如果人人皆是自己的兄弟姊妹，互相間具有一份同源生的感情，社會上還會有殺人、偷盜、姦婬的事情嗎？因此，中國文化講孝道，必須將兄弟姊妹間的「悌」包括在內，稱為「孝悌」。學菩薩道的人，自然也應該將一切和自己年齡相差不多的人—較長於我的，看作是兄姊；幼於我的，當作是弟妹；不論識與不識，皆待之以親兄弟般的感情與關切。

朋友，是陌生人經過認識、瞭解而成的。在儒家來說，朋友是人倫當中的五倫之一，與兄弟、夫婦、父子、君臣同樣重要。可見，並非只有骨肉之親者，才值得我們去關愛。朋友不是我們的親屬，但因為我們認識他，也就等於我們的親人了，必須對他付出一份關懷。然而，在我們佛教徒，應該進一步突破這範圍，將陌生人也當作朋友看待。朋友講究的是誠信，誠是對得起自己，信是對得起他人。一切人類都是我的朋友，我們自然要對他有誠信，如此，我們就不會做出不善的事情，來傷害人類了。同時，一切人既然都是我的朋友，我自然要盡己所能的去幫助、去度化他們，無形中，就成了眾生不請之友的菩薩了。

子女對於自己的父母，在良知上，都曉得孝順，以報答養育之恩，將這精神推廣到社會上，便是敬老尊賢。學菩薩道的人，則應該更進一步，在孝順自己父母時，要想到：世上年齡在我父母左右的人，都是我的父母。《梵網菩薩戒》說：「**一切男人是我父，一切女人是我母，我生生世世無不從之受生**」（見大正藏第二十四冊一〇〇六頁中）。既然如此，我當然都要孝順他們了。所以，在看到了年齡和自己父母差不多的人，不論識與不識，都要有如見到了親生的父母般。

於是，世上的人，年長的，都是我的父母；年幼的，是我的兒女；年齡和我相伯仲的，是兄弟姊妹朋友。如此，還怕菩薩道行不來嗎？我有好的財富知識，能不和他們分享嗎？自然能布施，我又如何會傷害他們？自然能持戒。就是他們偶爾無知，侮辱我，我也不會和他們一般見識，所以能忍辱。見到一切至親好友在受苦，不知解脫之道，我怎麼忍心不努力修持佛法，以求具備足夠的能力，來度化他們？自然能精進學禪定與般若。

有沒有為人父母者，有了好的東西，不思給兒女的？反之，為人子女的，豈有不以自己最好的東西，來供養父母的？在兄弟姊妹和朋友之間，自己如果有什麼好的東西，相信也都願意拿出來，和他們共享。不如此，良心上就會覺得不安，有虧於道德了。

這是以孝為主，所衍生出來的人倫道德。因此，孝不但是做人成聖的基本，也是菩薩道的入門。《梵網菩薩戒》說：「**孝順父母**

師僧三寶，孝順至道之法，孝名為戒。」（見大正藏第二十四冊一〇〇四頁上）。如果不是基於孝－不是基於感恩、基於報答父母養育之恩的心情，艱苦的菩薩道，誰願意去行呢？

六、知恩報恩的人－菩薩

在大乘經典中，談到菩薩的實行六度，其實行的程度，往往有超乎凡人情理的地方，不是一般人做得到的。

比方：布施，不但以自己的財產、精神、佛法學識，無條件的給予需要的眾生，甚至連自己的身體：手、腳、眼、血……，眾生如果有需要，都應該施捨。這豈是凡夫做得到的？而菩薩又為什麼要如此的犧牲自己呢？菩薩當然是慈悲的。但慈悲心的產生，也必須有原因的。佛是證得了眾生與佛不異的清淨心體，然後產生同體之悲、無緣之慈，視一切眾生如子，當然要救度眾生了。可是，菩薩還未證得聖道，只是略有禪定與智慧功力的凡夫，不可能有佛陀那樣的無緣慈悲。那麼，菩薩的慈悲是緣於什麼而產生呢？我想，佛是視一切眾生如子，菩薩大概是視一切眾生如父母－「**男人是我**

父」、「**女人是我母**」，緣於一切眾生是父母而產生的慈悲吧？

一切眾生是我父母，父母對子女的養育之恩，並不容易報答，《佛說父母恩重難報經》說：「**右肩負父，左肩負母，經歷千年，正使便利背上，然無怨心於父母，此子猶不足報父母恩。**」（見大正藏第十六冊七七九頁上）所以，梵網菩薩戒要強調「**常生慈悲心，孝順心**」了。而每個人從無始輪迴到今，不知已生死多少次了？生生世世的父母將會有多少呢？是難以計算的。因此，《梵網菩薩戒》又說「**故六道眾生，皆是我父母，而殺而食者，即殺我父母**」（見四十八輕第二十條：不行放救戒）。

一切眾生既是我父母，我們怎能不報答養育之恩呢？所以，菩薩的行菩薩道—難行能行、難忍能忍，應該是含有報恩的意味吧？同時，由這裡，我們也可以了解到：為什麼菩薩要難行能行、難忍能忍了。

七、所有眾生皆是我親人

現在，再換個角度來談。雖然我們都是凡夫，但如果基於人倫親情，我們也做得到菩薩的難行和難忍的。

想想看，如果有人受到災難，而他正是我們的父母，或兒女、兄弟姊妹、朋友，我們是不是會奮不顧身的去救他？相信是會的，尤其是為人父母者，當他見到兒女有難時，更是不計本身的安危，也要去救的。

父母對兒女之愛，一向被世間人認為是人性中最偉大、最光輝的。當兒女生病時，父母憂心如焚，心中的苦楚超過了兒女肉體上的苦。要是兒女病重了，父母甚至願以身代，但祈求上天，保佑兒女早日病好。這不就是菩薩行嗎？不就是以生命布施嗎？從懷胎十月，到生產，以至含哺，直到長大，其中的苦楚，又豈是旁人能了解的？而在兒女長大了，非得離開父母不可，則「**慈母手中線，遊子身上衣，臨行密密縫，意恐遲遲歸……**」，這又會輸於菩薩的慈悲心嗎？所以，對於兒女來說，父母親就是菩薩，為兒女而難行能行、難忍能忍。

中華民族是以孝立國的，古來許多孝子的故事，真是可以感天地、泣鬼神。譬如：在中國的古代社會中，有割肉療父母飢的，有剖腹割肝給父母做藥的……。這不就是菩薩以身體布施的行為嗎？

在中國，兄弟姊妹間的友愛，也是非常珍貴的。古來常有弟犯法，兄願代弟死，或兄犯法，弟代兄受刑的。這難道不是菩薩情懷嗎？

而朋友之間，更注重義氣，為了義，生命可以為朋友犧牲……。

所以，菩薩道並不是很難，人間處處可以見到菩薩，常有人在行菩薩道。只要能在心裡，有天下一家，芸芸眾生皆是我父母、子女、兄弟姊妹、朋友的觀念，自然你就會去做菩薩，不做反而不行了。試問：會有父母見到子女受苦，不想辦法為他們解決的嗎？又怎麼會有子女見到父母有需要，不設法供給的？

菩薩，就是一切眾生的父母、子女、兄弟姊妹和朋友。是父母，所以對一切眾生會慈悲；是子女，所以對一切眾生會孝順；是兄弟姊妹，所以對一切眾生有友愛……，每一位眾生有痛苦，菩薩都會感到切身之痛。因此，維摩詰說：「**以一切眾生病，是故我病。**」

（見維摩詰所說經，大正藏第十四冊五四四頁中）。

相信很多人，有過這種經驗，或者，相信這種事—當我們全心在思念一個人，或專心做一件事情的時候，常會忘了自己的存在，不知肚餓，也不想睡覺，更不知時間。由於心念專一，便會做出平常所不能做的。譬如：漢朝李廣，有一次出外打獵，見到草叢中石頭，以為是老虎，馬上舉箭一射，箭頭竟然射入了石頭之中。後來，知道了那是石頭，再怎樣用力射箭，箭都沒有辦法射入石頭了。菩薩所做的、令凡情難以思議的行為，從這個引例，或許可以得到了解。

菩薩，因為時時以眾生為念，凡有利益，皆以他人為先，在大公無私之下，自然就忘了自己。忘了自己，便是無我，既然無我，誰來受苦？萬事萬物，都是透過主觀的我而存在，沒有了我，苦就不存在。所以，菩薩能不怕苦。同時，我既不有，屬於我的身體、財物，自然能施捨了。

因此，凡人所以不能行菩薩道，便是心中有我，並執著了我，變成畫地為牢，將自己侷限住，不能和一切眾生打成一片。其實，從世間法皆因緣所成看來，每一個眾生都必須做菩薩的。因為，人與人之間都有互相的關聯，沒有一個人能夠離開其他人的關係，而單獨生存。所以，就得互相關懷與照顧。為什麼做不到呢？就是因為有我，人類的關愛便被限量在家人、親戚與所認識的人當中，不能博愛天下，這愛也就不完美，有缺陷的了。因此，佛教要打破我執，掃除我相，達到無我的境界。

八、無我才是菩薩

真正的菩薩，在他們的心中，是無我的，《金剛經》說：「**若菩薩通達無我法者，如來說名真是菩薩。**」（見大正藏第八冊七五一頁）惟有能夠無我—心中沒有我執、沒有私慾，才會完全的、無條件的為他人、為一切眾生著想。

談到這裡，就回到佛法的本營了。

佛法是解脫之學，解脫的完成，必須靠智慧；入門雖然有各種方便，最終卻都是一樣的，不能沒有智慧。所以，菩薩六度，必須以般若殿後，並且說：前五度如盲，般若如眼。布施、持戒、忍辱、精進、禪定等五度，如果沒有般若，只是有為的人天功德，不能度人脫離三界生死。

而般若的性質，是無我的。般若是空—我空、法空、空空，其中，沒有我執私念，這也就是菩薩精神。菩薩精神便是般若的行動化，般若也就是菩薩的生命了。

所以，為什麼菩薩能做人所不能做，行人所不能行？因為，菩薩先有視一切眾生是他父母或兒女、兄弟姊妹與朋友的慈悲心懷，然後，再有般若做為他的生命。於是，在慈悲與智慧的雙運之下，一般人認為難行的菩薩道，也就不難行持了。

—（原刊於「中國佛教」月刊三十一卷十四期）

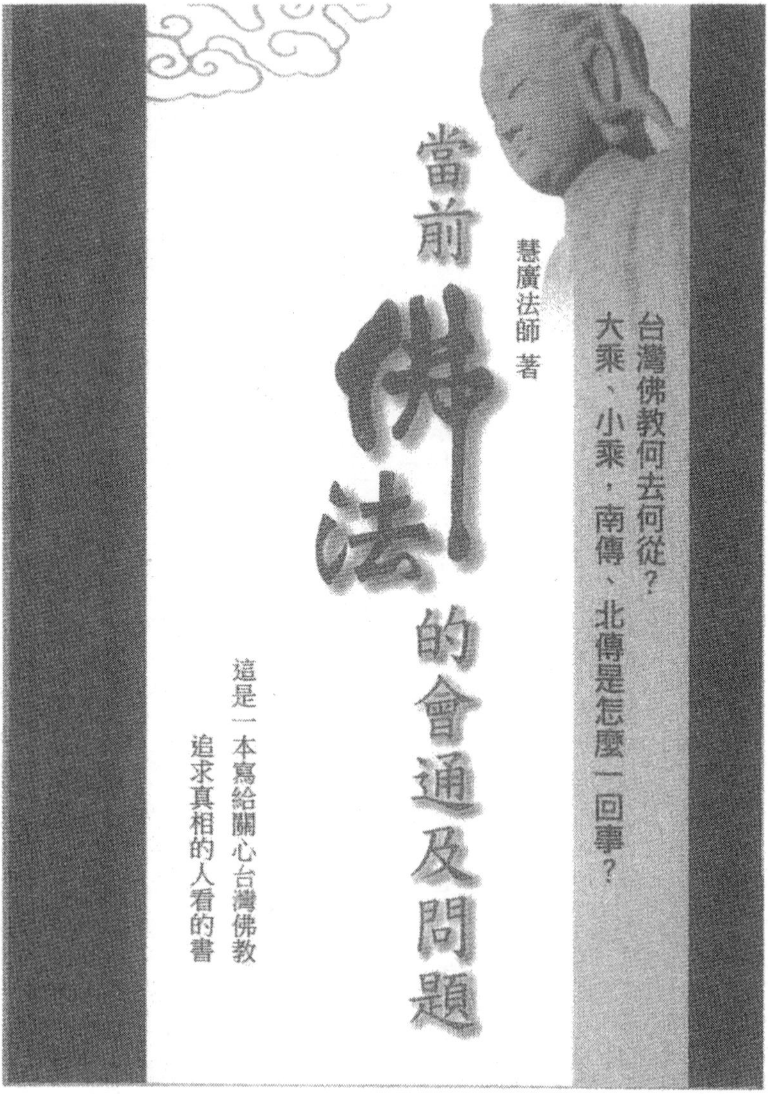
台灣佛教何去何從？
大乘、小乘，南傳、北傳是怎麼一回事？
慧廣法師 著
當前佛法的會通及問題
這是一本寫給關心台灣佛教
追求真相的人看的書

真善美之旅

——真善美是人生的最高境界，也是佛國淨土的象徵

一、文學與真善美

1. 我與文學的因緣

每個人的一生中，都會經歷過不少的因緣，有些因緣，往往影響了以後的人生。

對我來說，在還沒有接觸到佛法之前，曾經有一段時間，非常喜歡文學。那是在十六歲之後的兩三年之間，正當一個人的思想、感情開始萌芽的時候，閱讀文學書籍：小說、散文、新詩，無疑的，剛好投合了那段年齡上，思想與感情的需要。

文學，在默默中擴充了我思想的視野，也讓成長的感情有了寄放。所以，當時我就有個感覺，文學實在是寂寞時的最好伴侶。它可以慰藉心靈的落寞，充實人生的經驗。我的個性是內向型的，沒

有事的時候，就懶得外出。待在家裡，陪伴我的朋友，就是文學書籍了。從文學書籍中，我也經歷了不少的人生經驗。因此，也就難怪，我會在文學中沈浸了兩三年。

現在我回想，當時，我為什麼會喜歡文學？除了那時思想上、與感情上的需要之外，最主要的，還是文學具有一種美的存在。人們都有一份愛美的心理，這是與生俱來的，所以一旦遇上了美的東西，他就喜歡上了。

2．文學與美

為什麼文學會有美呢？因為，文學是藝術品之一。文學又叫做文藝，由文字所組成的藝術。藝術所追求的，就是美，如果藝術不美，那就不成為藝術了。因此，可以說，藝術中所要表達的，就是美，美是藝術存在的主要條件之一。

文學是藝術之一，文學自然也就具有美感。

文學如何具有美感呢？或者說，文學如何來表達美呢？就是靠著文字的適當運用，和內容的結構，以及各種技巧的關係。於是，呈現出來的小說、散文、詩，在人們閱讀時，就會覺得有一種感性，感動著閱讀時的心靈。這就是美，美是可感性的。

由於美是會感動人的東西，當人們被感動的時候，首先是引起了感情上的共鳴。

共鳴之下的感情，有時候是波動很大的；有時候，只是一陣甜美的感覺；有時候，連甜美也很少，只是覺得心裡很寧靜、舒適，好像面對了永恆、融入了永恆。我想，永恆就是美吧！只有美，才能接近永恆。

在文學作品中，小說的美，給人感情上的共鳴，波動最大；散文就比較寧靜了；詩的美則是接近了永恆的美。從這裡可以發現，美是有著不同的層次，小說的美似乎比較粗，散文次之，詩最細。

為什麼會有這種差別呢？應該是和小說、散文、詩的體裁與內容有關。

小說的體裁和內容都很龐大，可以盛山河、裝大地。因此，它所透現出來的美，也就是氣勢雄昂，所以感動人之後，就會令人情緒產生很大的波動。散文的氣勢就不如小說了，只是散文的精純卻比小說好，因此，散文也自有它感人的美。詩，則是質重於量，跟小說、散文比起來，詩應該是最接近藝術的了。所以，詩的美最純粹，可以做到不含一點雜質。

3・美與真善

其實，文學除了必須具有藝術性──美之外，還必須具有其他的內容，古人說：「文以載道」，這句話就表示了文學應有的屬性。

如果說，文學所要表達的是人生，那麼，人生的內容並非只是美，尚有其他的存在，這是很容易了解的。因此，文學的內容，除了美之外，還含有某些真理，以及人類生存所需的道德觀念。於是，文學除了美，還必須有真與善。真、善、美在文學中，常常成了鼎足而立的場面。因為，它們是有連帶關係的。

文學中的小說，最足以用來解說真善美的連帶關係的。試看，一部好的小說，往往表達了某種人生真理，並非只是在講故事。而在小說的發展當中，也不得違背了善的理則。

小說中因為有真理，可以給閱讀者理性上的啟發，於是引起心靈上的共鳴，便有了美感的覺受。這是由真所產生的美。真不但是美的，也是善的。真理的內容，如果不是善的，那就不可能是真理。儒家有句話說：「**上天有好生之德**」。這句話，很足以彰顯真理是善的情況，這是善與真的關係。

那麼，善與美又有什麼關聯呢？善的含義有深有淺，很難以一時解釋清楚。但大致上說來，只要能夠給予全體有情眾生利益，而不損害自他的，都在善的範圍內。由此，就不難了解到，凡是美的，也必然是善的。唯有是善的，才能夠給人美的感受：甜蜜、寧靜、舒適、永恆。如果是惡的，便會產生相反的效果，心裡會覺得討厭，從而引發不良的情緒，如何美得起來呢？

可見，小說的美，往往不能離開真和善的。小說的美，所以會感動人那麼大，是因為，它的美中有真、有善，是透過真和善所產生的美。真是美，善也是美，美本身更是美了。真、善、美合在一起所呈現出來的美，自然是氣勢雄大了。

4・詩與美

那麼，文學作品中，是否都必須具有真善美呢？也不見得。如果說，文學是人生的反映，而人生只是指有喜怒哀樂、有悲歡離合、有善惡情愛的我們凡夫。如此，有真、有善、有美的小說，是最足以反映人生萬象了。但人生應該不只是我們凡夫。經過宗教的修持，人類可以超凡入聖，使理智、感情、意志都昇華，清除了生命中的混濁。這時候的生命，已不必有真，不必有善，甚至也不必有美了，真、善、美已不再是三個個別的存在。那麼，要反映此刻的人生，小說文學已無能為力，所以，就有散文與詩等文學的產生。

散文，特別是詩，是最適合表達超凡入聖者的意境了。這時候，不必太多的語言文字。語言文字太多了，只會顯得囉嗦，與事實不符。這時候的語言文字，又必須精純洗鍊，不得帶有絲毫的庸俗味。詩的功用在這裡就顯現出來了。

由此，我們可以了解，為什麼我國過去的得道高僧，往往也是詩中高手?因為,只有詩,才能夠表達他的真實心境。超俗入真後的心境是詩的,就算他用散文來表達,寫出來的散文,必然也是詩的,充滿著詩意。

詩是文學中,最接近純粹藝術的,詩的本質就是美。所以,詩可以有真、有善,也可以沒有真、沒有善,只有美。

5·美最上

站在世俗功利主義的立場來看,美的價值彷彿不如真與善。美似乎是出世間的東西,只宜存在精神世界裡,高高在上。於是,如果只表達了美,不含真與善在內的詩,就會令人覺得,此詩非人間物。而寫此詩的人,應該也是不食人間煙火了。

其實,這是應了一句古話:「曲高和寡」,太高了,庸俗的、心中充滿市儈氣的人們,如何能懂?實際上,真、善、美三者之中,美的價值是最高的。

美是人生最高的境界,人們求真、行善,只是為了達到美—完美。

真，求真的過程，會使腦波活動，久了身心都會感覺疲勞。善，會使人想到不善：世上為什麼會有那麼多的罪惡？於是，生氣了。只有美，不必活動，不想爭執。美，是一種心靈上的享受，帶給人精神上的寧靜、舒適、安詳……。所以，美—藝術是高於宗教（真）和道德（善）的。

但願，有一天，這個世界上，可以不必宗教、道德—不必真、不必善，只有美，那是人類進入永恆之流的時候了！

（原刊於「慈雲雜誌」一三九期）

二、宗教與真善美

1・真與善的功用

我在前文中，把美定位為最高，或許有人會不同意。真、善、美這三者之中怎樣想、怎樣看，都輪不到美來佔上最高位。從對人生的利益上來看，真的功用應該是最大了。真理可以啟迪人生，引導人生的航向，使人類邁向幸福快樂的境界。所以，真善美三者之中，「真」排名第一，對人生來說，「真」是最有價值的。

再不然，「善」也比「美」有價值。善不但帶給自己愉快，也帶給別人愉快。它具有增進人際關係，加強社會和諧的功效。所以，真善美三者之中，善排名在美之上，表示他定位是高於美的。

美，實在不容易看出，它對人類社會有多大的功用？只是覺得它是有閒人物的裝飾品。比方：社會安定了，家庭富裕了，於是，來辦辦以美為主的藝術展覽，或選拔中國小姐、世界小姐。同時，更像是「少年不識愁滋味」者的玩物，譬如：少女好美呀！那花好美呀！……如此而已，是可有可無的，看不出美對人生有多大的價值在。所以，真善美三者之中，美排名最後。

無可否認的，真理對人生有它不容取代的價值。人類，乃至所有的眾生，實在都是迷途的羔羊，為什麼生？生了之後，卻又會死，這不是很矛盾、很荒謬的事嗎？死了之後，又是怎樣？何去何從？太需要有人告訴我們其中的真相了。人類所以有煩惱與痛苦，跟不知本身的真理，有絕對的關係，佛法所說的無明就是指此。因為無明──不明所以，才說錯了、做錯了。在人生的旅程上，中途迷路了，不知方向在那裡？如何不煩惱痛苦呢？人類實在太需要真理了！

但是，能夠徹底改變人生的究竟真理的獲得，可不容易。究竟真理是存在於無限空間，不是以有限世界內的語言、文字、思想可以獲得的。因此，在真理不易證得之下，人類只有退而求其次了。我們的祖先從經驗中得知，造惡會帶給自他煩惱痛苦；相反的，行善、做善事不但他人會得到快樂，自己良心上也會感覺愉快。於是，呼籲人要止惡行善。善對於人類，就有它不容否認的價值。

凡是人類所創造出來的，似乎都不能離開人類的利益而存在，必須是對人類有益，才有存在的價值。尤其是，能夠長久存在，多少是人類對它有所需要的。從這個觀點來看，真給予人類的利益，是最大的，可以根本解決人類生死的問題。人，除了生—生活、生存之外，就是死。人的一切問題，都是環繞著生與死而發生的。因此，人類的根本問題，就是生死。為什麼生？死後又如何？怎樣才能生得安樂？死得自在？只有靠真理才能解決了。

可是，就像前面所說的，究竟真理不是容易得到的，真理得不到，人類的根本問題也就無法解決。善能夠給予人類利益的，是可以減少人們生死中的煩惱痛苦——這是枝末上的，不是根本。根本上的生死大問題，善是沒有能力解決的，只可以幫助。不過，雖然是如此，已經可以知道真、善對於人類，都能給予很大的利益。

2・美有三種層次

那麼，美呢？美難道只是有閒人的裝飾品？或者是少年人的玩物？自然不是。

美，至少有三種層次，就像一棵樹，有樹身、樹枝、樹葉。對生命體會不夠的人，所喜歡、所看到的只是皮毛之美。這種美是比較膚淺的，就如樹葉在樹木當中的份量一樣。因此，就會給人覺得，美只是有閒人的裝飾品，和少年人的玩物。這種美，如果說對人類有什麼作用，充其量，只是作為苦悶時的滋潤劑。

再來的美，是寄託在真與善身上的美，這種美是知性、道德性的。知性與道德性的東西，為什麼會有美呢？我們知道，美是感性的，也就是說：美是會感動人的。為什麼人會被美所感動？感動必須建立在共鳴的前提之下，先有心靈上的共鳴，然後才有感動的產生，於是，有了美的覺受。那麼，為什麼心靈會有共鳴的產生呢？這就要談到人類生命的內容了。

人底生命是由什麼所構成的呢？就是由理智、意志、感情三者所構成，如果世上的學術投合了這三者的需要，就會產生共鳴。理智是知性的，它所需要的是真實的道理，所以，凡是知性的、具有真理存在的哲學、科學、文學、宗教，都有可能引起理智的共鳴。意志是心性的運作，基本上是善的。於是，只要有善的道德性存在的學術與行為，就可以引起意志的共鳴。另外，凡是表達了真情真愛的文學、藝術、宗教和人的行為，就會引起人心底感情的共鳴。不論是理智上或意志上、感情上的共鳴，只要是共鳴，就表示是感動了生命中的理智、意志或感情，如此才有美的覺受。

從此，我們可以了解到，美是存在於多方面的，並非藝術性的東西才有美，知性的、道德性的東西，也都有美的存在。所以，真是美，善也是美，它們都會引起人心的共鳴，令人覺得美。這種美，是「完美」的同義詞，也就是很好、美好的意思。這是有理性的人類所追求、所希望到達的境界，人人都企望自己的智理、意志、感情是完美的。

因此，誰說美對人類與社會沒有價值呢？它是人生的理想，是求真行善的最終目標，是一切努力的寄託與希望。

但是，這種美，雖然在人類社會上，已經有了很大的價值，然而，它並不是最高級的美。這種美是寄託性的，必須藉著人們生命中的理智、意志、感情才能產生。所以，它的價值也是相對的，不是絕對的。

那麼，什麼是最高級的美呢？這就很難形容了。它已不是世間物，它是人們的本性。本性的存在，就是美—完美無缺。本性是真理的總源，也是一切善的根本，沒有本性，就沒有真與善。但在本性世界裡，已不必真、不必善，只是以美的方式而存在著。當然本性中也不必美了。然而，它本身就是美（完美），所以它的存在就是美。這個美，包含了真與善。因此，美也就是真善，沒有美，也沒有真、善。所以，為什麼說，在真、善、美三者當中，美的定位是最高的，也是最有價值的，從這裡應該可以瞭解了。

雖然，美是人類向上進化的最終目標，但要達到這個目標，必須依靠真。只有在真實的世界中，才有完美的存在，也只有真理，才能夠引導我們進入美的國度。因此，真、善、美三者之中，真放在第一位，也確是深具意義的。

這些道理，我是最近才懂的，但我成長時期的求知過程，無意中，卻符合了這項道理。

3．求真的過程

在我開始成長的時候，最先接觸到文學。為什麼後來，我會離開文學，進入佛法之中呢？

記得，也是從十六歲開始。成長，擴大了我的視野，但也使我對人生產生了迷惑。所以，那時我的喜歡文學，除了是感情的因素之外，也有思想上的需要，我抱著一種追求真理，想了解人生意義的動機，去閱讀著文學書籍。

從小，生命的境遇就不大好，雖然童稚無知，未必有多少苦的感受，但也不能完全沒有感覺，而既定的命運，是不容易改變的。小時候不好，長大了的命運，也未必會好。成長，帶給我的，不是喜悅、不是青春的歡笑，只是難以解決的苦惱，長久也解決不了的！太多的逆境與挫折，使我對人生早就有了疑惑，究竟人活在世上，是怎麼一回事？從十六歲開始，我心中便有意無意的，一直探索著這個問題。

十六歲，畢竟是太年輕，難以接受高深的哲理。而且，那時候生命中的成份，應該是感情多於理性的。要如此成份的生命，接受純粹理性的哲學、佛學，恐怕很難。還好，有與我當時的生命相彷彿的文學，做了我的啟蒙，我才能慢慢的，提昇生命中理智的成份。

文學作品的內容，自然是感情的成份多於理智。因此，當我生命中的理智提昇到與感情平等，乃至高於感情的時候，文學就已經不能滿足我了。這是我會離開文學的原因。

不想看文學書籍了，希望能夠看到探索生命意義的書，讓我知道：人生究竟是怎麼一回事？為什麼有生、有死？還有苦惱？還有一些人所解決不了的……。

於是，我心靈的觸角轉向了哲學，看了一些存在主義、老莊、儒家的書。但找不到答案，我又不想看了。

小時候家境窮，在民國四、五十年左右，天主教、基督教以發放麵粉、奶粉來傳教時，父母接受了基督教，受洗信了耶穌，後來搬了家，改信天主教。當我從文學、哲學等書籍中，都找不到我所要的答案時，忽然想到了宗教。跟我那時因緣比較深的宗教，只有天主教，因為父母信它。幾歲時我也曾經到教堂聽福音、和參加唱聖歌，只是一直都沒有受洗，所以也不算是教徒。十多歲以後，似乎就沒有再到教堂過，如今，我想起了它，於是，我就想看看它講的是什麼道理。

找來天主教哲學之類的書，看了之後，沒有什麼較深的感覺；後來，買了一部聖經，打算從頭把它看到尾。結果是：新約四福音，多少還可以看，舊約除了「創世紀」篇有趣之外，後面的卻都是越看越看不下去，不但所寫的不合理，還令我覺得；耶和華上帝何以如此殘忍？只要不信他的人，不論男女大小，他都一律殺害，不留活口，好可怕！這如何叫「上帝愛世人」？我沒有辦法相信，就算信了天主教，我內心的疑問與煩惱，也得不到解決，信了有什麼用！因此，我對天主教又失去了興趣，不再看天主教的經書了。

從我喜歡文學的時候開始，我就是書店的常客，常常去光顧書店的生意。也就是在這種因緣之下，讓我看到了能夠解開我內心疑問，並且解脫一切煩惱的書，那就是《禪與生活》。

這本由近代國際禪學大師「鈴木大拙」所寫的書，生動的描繪了人生煩惱的由來，並提出了解決煩惱的方法—參禪。這也是讓人能親身體證真理，揭開人類生死面紗的方法。

4・宗教與真

後來，佛教書籍看多了，我知道中國佛教分有幾個宗。在信仰佛教，成為佛教徒之後，也漸漸的接觸到一些教徒，知道目前國內的佛教，幾乎是淨土宗的天下，禪宗幾已不見，我就會暗自慶幸：

還好！我第一本看到的佛教書籍是禪宗的，不是淨土宗。如果我看到的第一本佛教書籍是淨土的，我就不可能進入佛門。

理由很簡單：淨土宗主張唸佛往生他方佛國，不解決人們知性上的問題，可以說是逃避現實的一種法門，所以古德說它是「方便法」。這決不是排斥淨土宗，而是就事論事。淨土宗的「念佛往生」方便，給了人類怯弱的心靈很大的安慰，這未嘗不是它的功德。

但，橫陳於眼前的困擾，未獲得解決，唸佛唸得下去嗎？往生淨土是人老百年之後的事，對於一個不到二十歲，人生才剛開始的年輕人來說，要叫他唸佛往生，豈不是跟他開玩笑？

人生是現實的，我們能夠把握的，只是現在；過去已經過去了，逝者難追；未來尚未來，還是個未知數。如果說：信仰佛教的目的，大之在於成佛，小之在於解脫個人的生死煩惱，那麼，這個目標，要在什麼時候來完成？是寄託於後世？離開這個不太好的世界，到另一個一切盡如人意的「理想」淨土世界，再來從事這項工作？或者就在目前的世界，在各人各自的環境下，隨力而為？我想，佛陀會同意於後者，有智之士也會同意於後者。佛陀不是成佛於當世嗎？歷代的祖師大德不是也如此？或許，我們不能跟他們比。但，他們是人，我們也是人，這點是同樣的，佛陀也告訴我們：佛由人成，我們為什麼不做看看呢？就算做了，而目標沒有達成，到老、乃至將死了，目標還沒有完成，也沒有關係，可以問心無愧的說：此生我已經盡力了，後世再繼續努力吧！

宗教行為應該是人類求真、追求真理的行為，至少，對知識份子來說，是這樣的。宗教當然講究信仰，但信仰什麼呢？就是信仰真理，以及由真理推衍開來的善行、美德，如果一個宗教沒有這些，它會有什麼好令人信仰的呢？

對真理的追求，是我進入佛門的一大因緣，而在國內現有的佛教學說中，能夠滿足我內心對真理的渴求的，似乎只有禪了。

這是我當初接觸佛法之後，四、五年之間的感覺。那時，我對佛教好像談不上「信仰」兩個字。就是皈依了之後，也是如此，對佛菩薩，我沒有感情上的依賴。或許，當時的我，感情已經在文學上寄託過了，生命中感情的成份已很低，只有理性的存在。

我只覺得，對追求真理的人來說，禪是個好方法。究竟的真理是可以現世而得證的，人心的煩惱、生死的疑惑，也可以得到完全的解決，古今中外，有許多的人已經做到了，佛陀如此，阿羅漢如此，菩薩、歷代禪宗的祖師也如此。

求證真理的行為，不論在什麼時代、什麼國度，除了會受到少許環境上的影響之外，應該都是一樣的。真理是普遍性的存在，它是亙古今而不變的。佛教本來是個修證真理的學說，不同於一般以信仰為主的宗教。後來，這個學說宗教化，披上了許多宗教的外衣。長久以來，人們只注意宗教的外衣好不好看，只在衣裳上下功夫，儀式越多，內在卻越貧乏。終於，教徒不再敢追隨教主求證真理的行為，自然，佛教中真理的成份，也就越少。連帶來的，由真理所開衍來的善行、美德，也每況越下了！

5・真理在日常生活中

其實，真理就是存在者本身，萬事萬物無不是真理的顯現與具體化。所以，佛教以「法」來表達真理。法的範圍是很廣的，不論是小的、大的；有形的、無形的；真實的、虛妄的；一切事物、一切道理，都可以叫做法。因此，在體證得真理的人，「**觸目無非菩提**」，就是說，他的所見所聞、乃至所作所為都是真理；「**道不遠人，人之為道而遠人，不可以為道。**」儒家中庸也如此說。

真理或法、道，總是比較抽象，讓人摸不清楚，不知它們是存在於何方？所以禪宗以「本性」來代替了它們。意思就是說，人的本性便是真理的存在處，只要明見本性，真理就顯現，然後便知道：煩惱是空的、生死也是空的；煩惱是虛假的，生死也是虛假的；自己並沒有煩惱，也沒有生死。以前是認錯了自己，把四大五蘊看作自己，同時深深的執著；四大五蘊是因緣所合，也就隨著因緣而變化，自然會有生、老、病、死。我們不願意它這樣，卻又改變不了，如此煩惱就產生了。其實，只要認清了真相，心中不再妄執，當下便解脫了。

所以，唯有真理能夠究竟解決人生的生死問題，這也就是為什麼，宗教不能沒有真理。因為，人們會步入宗教之門，就是他有世間學術解決不了的困擾，希望宗教能夠有助於他。宗教的本質是出世的，每個人在世上出生了之後，不到幾十年，在這個世上已經都有了屬於他的懷念，包括親人、財產、地位、名譽……。如果沒有遇到錐心之苦的困擾，誰願意拋棄這些，投入宗教，作出離世間的打算呢？

因此，宗教能夠幫助於世人的，最主要，乃是它的真理性。而真理是必須親證的，親證了之後，才能夠發揮它實際的效果。於是，宗教的各種行為，就應該是在幫助教徒去證得真理。

真理是可證性的，這在理論上或實際上，都有很多的證明。問題是：原則上是可證的，實際上就證得到嗎？不見得。有些人可能，有些人卻不容易。於是，對於想要求證真理的人，除了基本的方法之外，還要有補助的方法。補助的方法，就是要幫助不大可能的人，也成為可能。因為，原則上既然可能的，實際上就應該人人都可能證得真理，為什麼有些人會不大可能呢？那是在於他有業障，而補助的方法，就是要消除業障。業障消除了，然後就知道，真理只是自己本身，人人都可能證得。

那麼，這補助的方法，是什麼呢？就是善。

6・善行助成真理

所以，真善美三者之中，善排在真的後面、美的前面。因為，真必須善的補助，善可以幫助真的達成，然後，才會有美的成果。當然，也可以這樣說，由於真的獲得，便有了善的行為，也有了完美的成果。只是，這不屬於未證得真理者。

為什麼善會有助於真的達成？第一：善是真理活動時的軌則，真理凡有所行動，在相對界來說，無不是善的。如果有不善，那就不是出於真理，而是起於無明迷惑，與真理無關。第二：人們所有的業障，都依不善而產生，所以，只要消除了不善、惡的行為，代之以善行，業障就會逐漸消失。

因此，佛教強調修行。修行就是要修正我們的行為，使我們的身口意不再造惡，所作所為無不是善的。這是佛教修行初步所要達到的境界。

初步修行，便是以善為依止，要止惡、要行善，「**勿以善小而不為，勿以惡小而為之。**」必須廣積善事功德，使自己的善根深厚，才有可能修行成就。因為，真理是建立在善的基礎上，沒有足夠的善，真理不可能出現。

所以，凡是宗教，都強調善行，佛教也不例外。善可以幫助真理的證得，使人類盡快達到完美的境界。

三、修行與真善美

1.善與真、美

有時候，我們會聽到一些半吊子的話：每個宗教都是一樣的，都是在勸人為善。意思是說：信仰任何宗教還不是一樣，都是勸人為善而已。

真的是這樣嗎？或許有些宗教是這樣的，但佛教絕非只是勸人為善。善只是初步，善了之後，內心仍有煩惱痛苦、生死輪迴，又將如何？這才是最重要的課題，也是一個真正的宗教所要面對與解決的，佛教的修行，根本上，就是要解決這個課題，而非只是要達到善。

善很好，但善不能離開真與美而獨存，真善美是互依互待，彼此之間關係密切。完全的善只有真理中才有，善是真理的作用，真理是善的體性。所以，在未證得真理，個性未真理化的人，縱然他們日日受持廣大善行，他們的善還是有所不足。因此，雖然每個宗教都勸人為善，然而，它們的善是否完美？實在大有問題。有些宗教是缺乏真理的，也沒有能夠讓人證得真理的方法，只靠著一些善言美語來吸引信徒，結果就讓人覺得有些似是而非。

宗教應該是最具有真和善、以及美的地方，換句話說，宗教就是真善美的結晶，是人類最高境界的呈現。因此，它是天堂、是淨土、是佛國，是人類的理想，人們在現實世界得不到的慰藉，可以在宗教中得到。

正因為如此，宗教就必須有一套讓人能夠到達真善美的方法，而不只是說說而已，要不然，宗教所描述的美景，不過是一種不能實現的「烏托邦」罷。如此，宗教豈不成了人心的麻醉劑？同時，也欺騙了廣大的信徒。

宗教的本質，當然是善的，但善是說得容易，做起來可不一定了。所以，必須有方法，讓信徒來到達善的境界。

而善只是初步，善了之後，人類的根本生死問題，並未解決。因此，善並非只是善而已，善與真理是相通的，也與美相通，乃至於可以這樣說，站在善的立場來看，真是善，美也是善。善是包括了真理與完美，它們是一體的。如此的善，才是完全的善，這樣的善，相信一些認為宗教只是勸人為善的人，沒有夢見過吧？就是那些只靠善言美語來吸引信徒的宗教，也摸不著。

要證得真理，必須靠善行的幫助，這在前面已說過了，反過來說：要具足善行，達到全善的境界，卻必須靠真理的幫助了。因此，宗教光是講善，而沒有引導信徒去證得真理的方法，那是不行的。進一步來說，宗教除了要有善與真之外，還要有美。美是一種和諧，使人神經鬆弛，內心安詳。這是一種休息的狀態，人處於這種狀態之下，才不會累，才能長久從事於宗教目標的追求。而真善美，更是信仰宗教者，所要到達的最終目標。

為了達到這個目標，佛教提出了多種的方法，有從真入門的，如禪宗。有從善以入門的，如持戒、行菩薩道……，還有被佛教各宗所一致奉持的修行準則：戒定慧。戒可以達成善，定可以達成美，慧可以達成真。從戒定慧的次序來看，要到達人類的最高境界：真善美，必須先行善，再以美補助，然後才能證入真的領域。

這是含有相當意義的。行善也就是修行了，修行的過程中，必須注重身心的和諧，精進而又不失自然，才能進入禪定，乃至開顯無漏智慧。修行雖然不一定要按照戒定慧的次序，但它所包含的意義，總是要注意的。

2．證得真理的方法

話再說回來，戒定慧既然是佛教修行所依的原則與次序，為什麼又可以不必按照它呢？因為，就如真善美一樣，戒定慧也是三位一體，只要選擇一個適合自己根性的一門深入，最後所到達的，都是一樣。

然而，不可否認的，戒定慧三者之中，慧是根本，只要成就了慧，戒定二者自然具足。正如真善美三者之中，真是根本，只要證得了真理，善行、美德必然產生。所以，禪宗便以慧的證得為修行用功的目標。在用功時，雖然也有戒、有定，但不停留在戒、定當中，戒、定只是用來補助無漏智慧的開發。當然，也不是說戒、定不重要或不需要，乃因慧是根本，戒、定是枝葉，根本未得到，持戒、修定是不能圓滿的。

那麼，禪宗如何從事智慧的開發？如何來體證真理呢？就是用參禪的方法。

參禪，在中國古代，禪宗正盛旺時，是針對各人生命中的問題，來加以參究。它的精神是活潑的，參的人也覺得很親切，自然會有濃厚的興趣來不斷的參究。

可是，到了宋、明以後，參禪一變而為參公案。而公案就是古代禪師跟學生之間的特殊問答。譬如：有人問趙州禪師：「狗子有佛性嗎？」趙州答：「無。」那麼，佛經說，一切眾生皆有佛性，狗子也是眾生之一，為什麼會沒有佛性？這回答不是很可疑嗎？所以，那人又問趙州：「為什麼狗子無佛性？」趙州又答：「為伊有業識在。」狗子有業識，就沒有佛性了嗎？這句話是有問題的，不符合佛經所說。如此，是趙州說錯了嗎？不可能吧？看他說得自信滿滿的，而且，趙州又是名震一方的祖師，怎麼會說錯？所以，趙州與學生的這段問答，值得參究。而那段問答也就成了被禪門公認的案子。這就是公案。

參公案最重要的，是內心要有疑問，又稱為疑情，所謂「**有疑不決直須參**」，內心有疑問，不懂就要參究，因此，參公案的先決條件，就是要有懷疑的精神。這點和科學是一樣的，科學也講究懷疑，內心對某方面有懷疑，才會下手去研究，然後才有新的發現與創造。參公案也是一種研究，只是和科學不同的在於：參公案是以心思去面對問題，不假外物，做直接的研究，這就必須有賴疑問來推動了。所以，禪宗說：「**小疑小悟，大疑大悟，不疑不悟。**」

只是，古德留下來的公案，未必跟現在的我們有切身之感。沒有切身之感，便不容易引發我們的疑情，就算引發了，也難以持久。因此，參禪最好是回復到宋明以前的方式，各人針對內心中，最困擾自己的問題，來加以參究。

一個真正信仰宗教的人，他內心不可能沒有問題，沒有問題的話，他就不會去信仰宗教。而且，能逼使一個人投入宗教的問題，絕不會是無關緊要的小問題，自然這個問題也就不是用思想，或他人可以加以解決的，更不是知道了就可以。因為，雖然我們知道了答案是這樣，但知道歸知道，我還是我，內心仍然有煩惱痛苦，以及生死輪迴。如此，知道了又有什麼用？問題的根本並沒有得到解決呀！

因此，每個人的心中，都有個生死的大問題，極待自己去參究，去產生疑情。

那麼，要如何參呢？這正是必須詳細加以說明的。因為，方法的正確與否，對於參禪的成敗有很大的關係。

3·參禪的方法

參禪絕不是用思想去想，或者，用意識去分析，如果參禪當中容許意識思想的話，那只是一種方便、一種補助的方法。意識思想自然能對問題找到答案，乃至許多的答案。但那些答案都不是究竟的，也不是我們所要的。我們所要的，是親證的答案，是面對面，直接見到了，看得清清楚楚，然後，毫無疑惑的叫出：「**啊！原來是這樣！**」只有這種親證性的答案，才能根本解決我們的生死大問題。

這要獲得這種親證性的答案，是必須有方法、要講究方法的。那麼，方法是如何呢？

首先，要選定一個適合自己的問題。這個問題必須與自己有非常的切身關係，非得到解決不可的。如此，才會付出不變的恆心，長久不疑的參究下去，而不計較時間的流逝。

所經參究的問題選定之後，就要開始參了。參的方法便是：在心中把問題提起，譬如：「**什麼才是我？**」我是恆常不變，始終如是的；身體有生老病死，不可能是我；精神是受想行識的和合，受想行識也是有生有滅，不可能是我，如此，「什麼才是我」呢？

當問題在心中提起的時候，也就是我們的心迴光返照的時候。如此，妄念自然止息，心中只有「**什麼才是我**」這個念頭，於是，心就讓它停在這個問題上。自然，不可勉強，讓心停在問題上，不動腦筋，不要對問題作分析，只要心中保持對問題的疑念：「**？**」，但心底、潛意識中要參透它的意念，這就是參禪了。「我」只是個代名詞，代表了人類生命中永恆的存在。從佛法常識中，我們可以推知，在人類無常的生命中，必須尚有常住不變的生命才行。否則，無常的生命根本不可能存在。

譬如，人的生命，是由身心所組成，身心又由五蘊：色、受、想、行、識所組成。而佛教徒都知道，五蘊是無常無我，沒有自主性的。那麼，自己不能自主的五蘊，又如何能存在？如何能和合在一起？佛法說是因緣的關係。但因緣是無常無我的，因緣並不能作為五蘊存在的依靠，還必須有某種東西來讓因緣存在呢。

這個讓因緣得以存在、得以和合，以及組成五蘊身心的，就是業力。然而，「業力」又是什麼呢？業力就是人人心中的念頭，也可以說是生命力，一種維持著五蘊身心不壞，並且能夠生長、能夠感受，和思想、分別的不可思議的力量。那麼，這力量是從那裡來的呢？產生這不可思議力量的，又是什麼呢？這個能夠產生生命力的，我們就把它稱之為「我」；因為它能被一切無常無我的身心五蘊所依靠。所以，我們從常識中推知，它必然是恆常不變的。只是，我們不知道它是什麼？因此，要參究它、要明白它、要親見它！

在這裡，必須先說明一下：

參究的問題，要隨著對內心的理解，而有所更換，如此，才能契時契機。比如：開始是參「**什麼才是我？**」後來，經過了分析理解，已經知道了五蘊、因緣、業力都不是我，只有那個產生業力的，才有可能是我。「什麼才是我？」就等於已經有了理解的答案。雖然這種答案，不是參禪者所希望得到的，但，如果再繼續參前述的問題，內心可能會提不起勁了。因此，必須更換一個適合此時心境的問題，譬如：「**我是什麼？**」或「**那是什麼？**」就比較契機，容易引發興趣和疑情……。

現在，再繼續前文。

因為「我」不是相對世界中，可見、可摸或可感的東西，所以，就沒有辦法用相對界中，我們慣用的思想、意識去接觸它。人類的思想能力是有限的，它只能在相對世界中發揮作用，超越了相對範圍的存在、思想或意識，就無能為力了。因此，「我是什麼？」的真正答案，決不可能從思考與分別中去獲得。這就是為什麼，參禪不可以用意識思想的原因。

「**我是什麼？**」提起來了，就那樣面對著它。這時候，內心會沒有其他的妄念，這便是初步的定。所以，參禪參得如法的話，心很容易入定。但對參禪來說，定只是過程，是通到慧、無漏智慧的過程。因此，參禪所得的定，與一般的定是不同的。

定的修法，是要心緣一境，專注不二，久久，妄念止息，定便產生了。參禪時，心專注於問題上，與修定的心緣一境是相同的。

但同中有異的是：參禪除了心專注於問題之外，還有疑情的存在，心底也有要參透問題的意念存在。這種疑情與意念，在功夫成熟時，就會產生開悟。所以，**參禪不只是修定，它是定慧雙修**，是由凡夫而成佛的最直接、最快捷的法門。

當參究的問題在心中提起來時，妄想當下便被截止，只有一念疑情存在心中。此時，就自然的，不加功力的照住它。不要太緊，太緊了，會引起身心的緊張。緊張會帶來不適，心理就會打妄想。也不要太鬆，太鬆了，參究的念頭會消失。念頭消失了，不是昏沈，就是散亂。

提起的一念疑情：「我是什麼？」能夠保持多久，就保持多久（要注意，也不要執著保持的念頭。保持也是自然的，不可加以勉強。）等到疑情減弱了，妄念開始出現了，就再提起問題：「我是什麼？」不強不弱的把它提起。提起後，妄念當下又被截止了。如此，疑情消失或減弱時，就再提起問題。提起後，心理就照著它、面對著它，離心意識的參究它。方法如果運用得適當，其他因素也配合得好的話，一念疑情，可以長久的存在下去，直到開悟，中間不會有其他妄念的產生。如此，也就不必一再的提起問題與疑情了。

對於念佛者，他們的祖師曾說了一句名言：「**老實念佛**」，那麼，對於參禪的人，應該以什麼態度來看待參禪呢？不但要有「老實念佛」的精神，更要比念佛者再進一步，參禪的人還要能夠笨，不是要聰明。聰明的人妄想分別多，參禪是不能成就的。因為，參禪時聰明是無用的，生命中的根本問題，不是聰明所能夠解決的。

同時，參禪時必須抱定：但問耕耘，莫問收穫的態度，不可想要得到答案。想要開悟，期待明心見性都不行的。如此，會永遠都不能明心見性，「**將心待悟**」，這一念頭便已障礙了開悟，將永遠也不能開悟。因此，參禪要抱定「**只問耕耘，莫問收穫**」，笨一點，不要耍聰明，才能一直參下去。功夫成熟了，自然水到渠成，開悟乃是意料中事。

修學佛法，不外是期待本具的戒定慧的成就，而在參禪當中，一個問題提起時，妄想雜思當下止息，只有正念存在─前念不滅，後念不生，妄心已初定。定而了了常知，不落昏沈，也有一份慧的存在。而在定慧雙運之下，是不可能去犯戒的。因此，參禪是最容易讓修行者具足戒定慧的法門。

或許有人會擔心，如果久參不悟，直到老死仍然凡夫一個，那將如何？其實，古德已經說了：參禪的人儘管參下去，此生若不悟，死後亦不會墮入三惡道。他生來時，必然一聞百悟、千悟，定能了脫生死。所以，不必擔心，今生如果不能開悟、不能了脫生死，後生必然能的，不用怕。

只是，現在的佛教徒大多怕生也怕死，總是希望此生之後，不會再有生死了。為了對治這種怯弱的心志，可以配合念佛、求往生淨土，也就是有時候參禪，有時候念佛。當參禪參得相契時，就專心參禪，不然，就念佛。相反的，念佛念得好時，就專心念佛，不然，就轉為參禪。參禪與念佛是可以互輔互成，不至於互相妨礙的。

參禪有成，當下就可以了脫生死，命終後如果要往生淨土，也可以往生上等品位。就算一生到老都參究無成，對自己的定慧多少也有幫助，也不會妨礙往生淨土。

4．參禪的補助方法

說明了參禪的方法，接著，必須再談到參禪的補助方法。參禪應該在什麼時候來進行呢？打坐的時候最適合，其他，散步時、工作時，多少也可以用功。

有些人，在打坐時參禪，或在其他情況下，也都參不上路，那麼，就必須採用特殊的方法了。

這個方法就是：坐在書桌前，怎樣坐都可以，但以坐得舒適，能夠久坐為要。然後，拿上一張紙，用筆寫上所要參究的問題，比如：「我是什麼？」之後，就面對著它。這就好比在寫文章，寫上了題目，卻不知如何下筆寫起，於是整個心思就會貫注在其中。如此，自然就沒有其他的雜思妄想，也不會昏沈。

另外，一個很重要的補助方法，是針對參禪時方法正確，但參了很久，好像都沒有進展，心裡難免會覺得索然無味，乃至對參禪失去興趣。這個時候，就必須運用補助的方法了，也就是採用理解的方式，來了解所參究的問題，亦即對問題加以分析，思而有所得，便記載下來。有些問題，是可以用分析、理解去獲得答案的，因此，在對問題久參不出結果時，儘管用意識想思去理解它。直到問題的內容已超越了人類思考的範圍，思維無能為力了，那個時候，就會放棄思維，乖乖的用參禪的方法，離心意識的去參究它。

這種先用分別，而後才入無分別的方法，也就是禪宗古德所說的：即此「用」，離此「用」。這或許會比較適合有學問的人，也就是知識份子之類。知識份子是最會玩弄思想的，分別心也最多，要他們放下思想分別，不用它，似乎很難。沒有經驗過，他們也不相信，人類思維能力的有限。所以，必須讓他們的思考碰壁了之後，他們才會放下它，乖乖的採用參禪的方法去參禪。

當然，這也牽涉到參究時問題的選擇，如果問題是容得思惟運作，人們就會採用思考去解決它。因此，我們可以了解到：為什麼古代禪師要學禪者參究的公案，往往都是超乎情理，違背了一般常識的。譬如：「**請聽一隻手拍掌的聲音！**」（白隱禪師所說）在常識上，拍掌總要兩隻手，兩隻手掌互拍才有聲音，一隻手要如何拍掌？又如何會有聲音呢？所以，這個公案是不容用意識去理解的。於是，要懂得它的意義，只好用參禪的方法，依靠定慧去解決它。

話再說回來，當自己要參究的問題，是可以用理解去明白的，那就不妨用想思去分析、理解它，將理解的記載下來。

隨著理解的深入，參究的問題就必須隨著心境而更換，才能契機。當問題越轉越深，超出了思考的範圍，思維已經無能為力的時候，就必須用參禪的方法了。而當左參不通，右參也不通，參來參去始終參不透的時候，正是參禪成就的關鍵處，千萬別放棄。

這個時候，正是妄心將止息，也就是即將離分別而入無分別的時候。只要心入無分別，當下定境便現前。人們所以不能入定，皆因心有分別。有分別就有妄想，有妄想，也就會有貪瞋痴，以及七情六慾等各種慾念。如此，心怎麼能夠定？所以，當參禪久參仍然參不透的時候，正是意識想思認清了自己的能力界限，知道自己是無能為力了，然後它才會死心，不再狂妄飆揚。於是，自動的泯除了分別。分別心一消失，自然的就會進入了定與慧的領域，而所參究的問題，也只有在定慧中，才能得到真正的解決。

5・修行與知識

這也就是為什麼，我在前面會說：我很慶幸自己接觸到佛法時，所看到的第一本佛教書籍，是禪學。

從我十六歲，宗教意識開始覺醒之後，經過了一番探索，從文學、哲學、天主教乃至道家、儒家、瑜伽、超覺靜坐……在這當中，我還未曾發現到，有像禪宗的參禪，這樣直接而能通到人類生命的究竟的方法。

自然，不可否認的，各種學術都有它的價值，站在不同的觀點來看，有些還比禪宗優越，而禪宗也有它的缺失，尤其在流傳了一千餘年之後的今天（從達摩祖師來中國傳法算起），更顯得如此。但缺失是人為的，可以改進，根本的正確、方法的究竟與否，才是最重要的。

禪宗除了提供參禪的方法，可以讓人證得真理，進入生命的殿堂之外，還給修行人提供了一個很好的知識觀。

我們知道，人類知識是無窮的，而生命卻是有限的。以有限的生命，要去追求無窮的知識，真是難呀！任誰都會有時不我予的感嘆，不只是莊子而已（註：莊子養生主篇有言『吾生也有涯，而知也無涯，以有涯隨無涯，殆已』）但這個生命知識的追逐戰，在禪宗裡，卻很容易的就被解決了。

禪宗認為，任何事情、任何東西，都有它的根源，只要掌握了它的根源，再大的問題，也可以解決。人類知識的根源，是在自己的本性中，只要明心見性，世上的任何知識，自然一看便知，一學就會，還怕有求不到的知識嗎？就算有不知道的，也無損於見性之後，生命本來的圓滿與具足。生命，不是靠外在的知識來豐實的，而是它本來就已經具足一切，圓滿而無缺，只因為我們迷失了自家寶藏，覺得貧乏，才向外馳求知識。其實，這不過是無知罷。

因此，禪宗反對修行人對知識的追求與依賴。

修行，在禪宗來說，只是在開顯本有的知性、德性，也就是智慧與慈悲，這跟儒家《大學》所說的：「**大學之道，在明明德**」，有異曲同工之妙。所以，學佛修行，不是在求知識。學問、知識，當然有它的價值與需要，但在佛教來說，這是屬於後得智。後得智源於根本智，根本智未證，光在後得智上作功夫，不但無益，而且會障礙根本智的體證。懂得越多，所知障也越多，分別的習氣越積越厚，如此要與無分別的根本智相應，那就難了。

在世上所有的宗教中，佛教是最具有知識性的宗教了。大藏經的繁多，不是一年、兩年看得完的。再加上其他重要的佛教書籍，就是用上一生或數十年的時間，是否看得完，可能還是個問題，這對於求知欲強的佛教徒，也是很困擾的事。就算窮畢生的時間，把大藏經以及其他重要的佛教書籍都看完了，卻又得到了什麼？只是增加了識見，懂得越多而已，煩惱仍然存在，生死問題並未解決。這不是得小失大嗎？當全部精力都投入閱讀經書時，修行的時間就有限了……。

未得根本智以前，廣閱經書，這是禪宗所不主張的。如此，不但浪費時間，更是糟蹋寶貴的生命，而以凡夫識見所了解的佛法，更是不可能完全正確。因此，禪宗把精神都放在修行，注重根本智、明心見性的證得，也就是生死大問題的解決，然後，才隨所需要去閱讀。這點，是符合釋迦牟尼佛的教說的。

《中阿含經》裡，有一篇《箭喻經》，經中佛陀談到：有一個人被毒箭射中了，痛苦萬分，他的親戚朋友憐憫他，馬上找來醫生要為他解毒治療。但是，這個人卻說：還不可以拔箭，我要先知道射箭的人姓什麼？名字叫什麼？長得高或矮、胖或瘦？是作何職業的？他是從東方射箭的？或是從西方、南方、北方射的？還不可以拔箭，我要先知道他用來射箭的弓，是什麼樹木做的？還不可以拔箭，我要先知道弓弦是牛筋？或是鹿筋？或是絲？還不可以拔箭，我要先知道弓是白色？或是黑色？黃色？……（見大正藏第一冊八○四頁下）

請想想看，這人中了毒箭，頃刻之間，毒發便會斃命，他不先治療箭毒，卻先要了解他中箭的來龍去脈。結果呢？他還來不及了解，便已毒發而死。

這是個比喻，比喻一個愛好知識、追求知識的人，總想了解宇宙人生的一切，想讀盡一切可讀的書，卻沒有想到人命短暫，時不我予，只有留恨於無垠的時間與空間了。

佛陀深明此中利害關係，因此，他在世所談的佛法，總是不離修行，與修行無關的，就不談了。所以，有關哲學上的問題：世界及我是常、或無常？是有邊或無邊？死後有靈魂？或沒有靈魂？總共有十四句，佛陀是不回答的，把它斥之為無記，無意義的問題。因為這些問題與事實不符合，不能幫助我們去證得真理，也不是修行所必須知道的。《箭喻經》說：「**此非義相應，非法相應，非梵行本；不趣智、不趣覺、不趣涅槃，是故我一向不說此。**」

6・結語

人命真是無常而短暫，生，不知從何來，死，也不知往那裡去？外來的知識，對生死問題，並沒有實質上的幫助。唯有究竟的真理，才能夠解決人類的生死大問題。同時，展現人類內在的圓滿生命，進入真善美的境界。

這應該是一個真正的宗教立教、與教化的目標所在，至少，佛教是這樣的。

我很慶幸，此生能夠聽聞到佛法，信仰佛教。尤其是，深深把握了佛教原始精神的禪宗，作了接引我進入佛門的初因，更是三生有幸……。

寫作是文學　排版是藝術

這本書是自己親自排版的，用 word 第一次排版，可說非常辛苦。有歷盡千辛萬苦的感覺，好不容易才將這本書排好。

為什麼書籍要自己排版呢？請人排版除了花錢，也有種種不方便之處。之前兩本拙著，在排時，有些問題都是自己摸索解決掉的，對 word 排版有一些認識。

所以，當這本書找不到人排版時，我就自告奮勇，自己來排了。有前兩本書處理排版的經驗，後來也聽了某居士的排版心得，以為沒問題了。結果，當自己當主廚下手時，才知道沒有那麼簡單。

將文章排成書並不困難。版面設定好後，文章套入，就自然形成一頁一頁的版面，問題出在後續的一些相關自動設定，如果排版時不符合 word 的規定，這時候就會出問題。這時候有問題，要轉成印刷檔時就亂掉了。

有一些這方面的書可看，有問題網路上也可以找到解決方法。但在排時，問題真的層出不窮，這個問題解決了，那裡出現問題；那裡問題解決了，別的地方又有問題……。

自己在這方面沒有上過課，對 word 排版缺乏系統性正確的認識，只要動作不符合它的規定，問題就來了。平常使用 word，只是打打字而已，哪會想到有一天要用它來排版！

說「千辛萬苦」，是誇大了一些，但真得倍感艱辛。一本書排好了，要轉成印刷檔 PDF 時，發現字都亂掉，又不知要如何解決，只好重排看看，找出問題出在什麼地方？然後按照 word 排版的規定去做。就這樣一次不行，二次、三次……，重排了好幾次，終於把問題一個一個找出、解決，才告完成。

二十年前，我就自己排版了幾本書。只是那時是在 DOS 底下，用台灣人寫的排版軟體「莎士比亞」來排。國人寫的軟體，知道國人的口味，比較好用。如今用洋人的軟體來排，總是會有水土不合的問題。例如：英文是橫排的，中文卻要直排，其中的轉換就容易有問題。但又能如何？國人的軟體市場，早被微軟打倒了，不洋化也不行。

排版是一種藝術，版面要多寬多高？一頁要多少行、一行要多少字？字距要多寬、行距要多大、字要多大？看起來才不會累，而容易懂得文章含義，這都是有學問的。

最近出版的拙著：《當前佛法的會通及問題》，字是粗明體，十四號字。印出來後，感覺字有些大，於是，第二本《修行的路可以這樣走》，字就改用中明體，十二號字。所以用中明體，不用細明體，是怕字小又細，看起來會吃力。書印出來後，看起來真的不錯，比用細明體十二號字印的書，好看多了。

但總覺得十二號字小了些，而 word 內定的字不是十二號，就是十四號，怎麼辦？後來無意中，看到字體可以自行打入，我就自創了十三號字。所以，這本書是用中明體，十三號字。這種字的大小，介於十二號、十四號之間，大小可能剛剛好，看起來會更舒服。這就是一種藝術。能夠將一本書的版面，排成讓人看了覺得舒服，會想要看，就是一種藝術。

可能是宿世的因緣，從小對文學藝術就有一份喜好。那是一種對「美」與「喜悅」的嚮往，出自生命底層的需求。寫作是文學，排版是藝術，自己都能夠從事，感覺蠻好的。第一次辛苦了些，以後就不難了。

最後，要感謝分享排版技術給我，以及發心設計封面的居士，還有發心校對的禪修學員們，您們都是促使本書完美的幕後功臣。

國家圖書館出版品預行編目資料

真善美之旅 / 慧廣法師著. -- 初版. -- 新北市：華夏出版有限公司, 2024.03

面； 公分. --（慧廣法師作品集；003）

ISBN 978-986-5541-38-5（平裝）

1.佛教修持

225.87 109019604

慧廣法師作品集 003

真善美之旅：生命的真相

著　作　慧廣法師

出　版　華夏出版有限公司

220 新北市板橋區縣民大道 3 段 93 巷 30 弄 25 號 1 樓

電話：02-32343788　傳真：02-22234544

E-mail：pftwsdom@ms7.hinet.net

印　刷　百通科技股份有限公司

電話：02-86926066 傳真：02-86926016

總經銷　貿騰發賣股份有限公司

新北市 235 中和區立德街 136 號 6 樓

電話：02-82275988　傳真：02-82275989

網址：www.namode.com

版　次　2024 年 3 月初版一刷

特　價　新臺幣 280 元（缺頁或破損的書，請寄回更換）

ISBN-13：978-986-5541-38-5